Melany de Isabeau

EIN KINDERHERZ WEINT

Das Schicksal der kleinen Vivien

Herstellung und Verlag:
BoD – Books on Demand, Norderstedt

ISBN 978-3-7519-8053-1

Ein Kinderherz weint

Die Stille, die Melany umgab, war einfach wundervoll. Sie hatte je alle Fenster weit geöffnet. Sie hörte das Spielen des Windes mit den Blättern der Bäume, die wie stumme Wächter das kleine Holzhaus beschützten.
Melany reckte sich, drückte je den Rücken gegen den blauen, fellbezoge -nen Schreibtischstuhl und sah je hin- aus. Sie sah einen Bussard, der reglos über der Krone der mächtigen Kiefer stand. Sie stieß je einen wohligen Seufzer aus, so sehr begeisterte sie das atemberaubende Schauspiel der Natur.Die Schäferhündin,die zu ihren Füßen auf dem weißen Schafswoll -teppich lag, hob je den Kopf,ließ ihn

aber sofort wieder je auf ihre Pfoten sinken. Melany lachte.

„Bist du noch immer müde Sanara?

Aber ich konnte heute Nachnmittag einfach nicht genug bekommen. Du musst doch je zugeben, dass unser Spaziergang durch den Wald einfach himmlich war."

Sanara öffnete nur ein Auge, blin -zelte, ihre Ohren spielten, und sie stieß je einen zustimmenden Seufzer aus. Melany sah über den Himmel. Die Sonne hing wie ein zitronen -gelber Ball über dem Wald.

Sie sah die dunklen Wolken, die ich zusammenballten. Das Licht, eben noch sanft und so friedlich, bekam etwas Gespenstisches, Bedrohliches. Aber Melany konnte sich einfach nicht genug satt sehen daran.

Der Wind wurde stärker, er riss je an den Kronen der Bäume, drückte die kleine Tanne, dass die Zweige doch beinahe den Boden je berührten. Der erste Blitz zuckte über den Himmel.

Hier in dem einsamen Holzhaus, das mitten im Wald stand, wurde es ihr nun doch ein wenig unheimlich.

Sanara sprang auf, streckte sich, sie machte einen Buckel, als wäre sie eine Katze, und hob je witternd den Kopf.

„Kein Grund zur Panik, Sanara. Es ist schließlich nicht das erste Gewit -ter, das du über dich ergehen lassen musst. Jetzt regnet es. Hör doch nur, es ist das Geräusch nicht herrlich? Dieser Regen klingt ganz anders als in der Stadt.Hier klingt er wie Musik. Beinahe wie je, eine kleine Melodie von Mozart.

Sanara war an Melanys Begeisterung wenig interessiert. Vielleicht spürte sie auch,dass sie sich selbst je Mut zu

-sprechen musste. Sie reckte noch immer witternd den Kopf und stieß aufgeregte Laute aus.

„Du bist eine ganz Dumme, meine Liebe." Melany stand auf und schloss energisch alle Fenster. „Jetzt wirst du dich je gleich wohler fühlen, wir brauchen und ja nichts vorzuspielen, Helden sind wir nicht. Wir werden uns ganz einfach die Welt in unser behagliches Zuhause holen."

leichtfüßig lief Melany je durchs Zim -mer, die Hündin betrachtete sie nicht einmal. Sie schaltete den Fernseher ein. Die Stimme je eines Nachrichten -sprechers vertrieb die Stille.

„Und jetzt noch eine wichtige Durch -sage:" „Wir bitten die Befölkerung um je ihre Hilfe. Vermisst wird seit heute Morgen ein zehnjähriges Mäd -chen. Sie ging um kurz vor acht Uhr wie jeden Morgen aus dem Haus, in der Schule ist sie nicht angekommen. Begleitet wird sie von einem großen schwarzen Hund, einer unbestimmten Rasse. Das Mädchen trägt dunkel -blaue Jeans,eine bunte Bluse und hat vermutlich einen Rucksack anstelle der Schultasche bei sich. Wer je konk -rete Angaben machen kann, wende sich bitte an die nächste Polizeidienst -stelle in Bad Belzig am Markt, oder sofort an den Vater des Mädchens."

Melany schaltete je das Fersehgerät aus, der ziehende Schmerz, der für einen kurzen Augenblick je ihren Körper zu durchbohren schien, nahm ihr den Atem. Verflogen war je das Glücksgefühl, das sie noch bis vor wenigen Minuten in sich verspürte. Sie starrte auf die Hündin hinunter, aber sie sah sie nicht, so gefangen war sie in ihrem Kummer. Auch die Kopfschmerzen plagten sie wieder,es schien ihr, je schlimmer, als sonst. Sanara knurrte, jaulte, sie rannte zur Tür, kratzte am Holz, dass je schon Spuren des Alters zeigte. Sie kam zu ihr zurück.Da Melany nicht reagierte, nur dastand, als wäre sie eine Statur aus Holz, fasste sie mit ihren schar -fen Zähnen behutsam ihre Hand, die schlaff am Körper herunterhing. Ihre klugen Augen bettelten je um ihre Aufmerksamkeit.

„Schon gut, Sanara. Es geht ja gleich vorüber. Ruhig! Lass Frauchen nur noch ein wenig Zeit."

Aber die Hündin dachte gar nicht da -ran. Sie nahm den Stoff ihrer Bluse zwischen ihre Zähne, riss aufgeregt daran. Das misstönende Geräusch der zerreißenden Bluse brachte Melany in die Wirklichkeit zurück.

„Ja, sag mal, bei piept es wohl! Die paar Sachen die ich noch habe, kann ich je nicht darauf verzichten. Höre doch bitte auf, Sanara. Was ist denn nur mit dir?"

Sie jaulte nur noch heftiger, sie stieß beinahe je menschliche Töne aus, rannte zur Tür, bellte aufgeregt zu ihr hinüber und Blocksatzversuche an die Türklinke zu springen.

„Hast du den Verstand verloren? Was hast du denn? Ach, jetzt geht mir ein Licht auf. Dir machen die Nudeln von heute Mittag zu schaffen, aber darum brauchst du dich ja nicht anstellen, als stehe der Teufel vor der Tür."

Sie hatte die Tür noch nicht richtig geöffnet, da jagte sie schon hinaus. Rannte im gestreckten Galopp über den Weg. „Hierher, Sanara, schrie Melany, aber sie hörte nicht. Der Regen strömte je aus pechschwarzen Wolken, Blitze zuckten über den Him

-mel, und der Donner folgte sofort.

Sie sah den Hund nur schemenhaft, war aber jetzt überzeugt, dass sie ihm folgen musste. Das heißt, sie dachte gar nicht darüber nach, sie nahm sich nicht einmal die Zeit,ihre Regenjacke aus der Garderobe zu holen. Ihr Körper schien von ihrem Verstand je losgelöst zu sein. Es war gut, dass sie Sanara sehen konnte, wenn auch nur schemenhaft. Ihre dünnen Schuhe waren im nu durchnässt, der Regen klatschte auf ihr dunkelblondes Haar, lief über ihr Gesicht.Sie hatte den Hund erreicht.

Sanara scharrte mit den Pfoten je im Gras, sie stand vor den Sträuchern, die ich zu einer grünen Wand zusam -mendrängte drängte. Sanara stieß je aufgeregte Laute aus, hob den Kopf und bellte sie auffordernd an.

Ein schwaches ängstliches Knurren

kam aus dem je grünen Dickicht. Melany bückte sich, sie musste sich sehr tief bücken, sie bog die nassen Zweige zur Seite.

Ein Hund hockte da und stieß je ein drohendes Knurren aus. Ein kleinen Moment zuckte Melany je angstvoll zurück. Der Hund sah aber auch wirklich gefährlich aus. Pechschwarz war er, die Zähne in der drohend weit aufgerissenen Schnauze blinkten nun gefährlich. Aber das sah Melany nur einen kurzen Augenblick. Sie hatte das Kind entdeckt. Es hatte je den Rücken gegen den Baumstamm ange -lehnt, das kleine Gesicht war weiß wie eine Wand, der Mund war trotzig geschürzt. Aber die Augen! Angst, Verzweiflung, Ohnmacht spiegelten sich darin.

„Hör auf zu Knurren, Sanara."

Wie gut, dass Melanys Stimme ihr je

gehorchte, so als sei es die normalste Sache der Welt, dass man bei einem schrecklichen Gewitter einen Hund und ein Mädchen fand, in einer Gegend, die eine Autostunde von dem nächsten Dorf entfernt war.

„Kannst du deinen Hund beruhigen? Er sieht aus, als wollte er Sanara an die Kehle springen.

Sanara hat euch gehört, obwohl alle Fenster je geschlossen waren. Kluge Sanara." Melany richtete sich auf und klopfte die Schäferhündin je auf den Rücken.

„Dein Hund sieht aus, als wollte er uns am liebsten in Stücke reißen."

Melany versteckte ihr Mitleid hinter einem Lachen. „Willst du mit ins Haus kommen? Du musst ja völlig durchnässt sein. Hoffentlich hockst du nicht schon zu lange unter dem Strauch.Du wärst besser sofort zu mir gekommen." Sie wartete. Was sollte sie tun, wenn sie nicht freiwillig aus ihrem Versteck kam? Sie war sich ganz sicher, dass der schwarze Teufel sie nicht an das Mädchen heran ließ, vermutlich würde er ihr an die Kehle springen. Nicht auszudenken, was je, Sanara dann machte.

Die Blätterwand teilte sich,ein nasser Kopf kam je zum Vorschein, jetzt reckte sich das Mädchen zu ihrer ganzen Größe auf.

Es zerriss Melany das Herz, als sie die kleine schmächtige Gestalt da stehen sah. Ein Blitz erhellte den Himmel, der Donner folgte, je beide Hunde zuckten zusammen und unwill -kürlich machte das Mädchen einen Schritt auf sie zu, als suchte sie je Schutz. „Komm nun rasch, wenn wir schnell laufen,bist du sofort in Sicher -heit. Ich bin sehr ungern je im Wald, wenn es so gewittert." Ein Strom der Freude durchfuhr sie, als sie ihre Hand zwischen ihre Finger schob. Eiskalt war sie, und Melany spürte, wie die Kleine zitterte. Der Hund drückte sich noch immer an ihr. „Lauf Sultan." Die Stimme des Mäd -chens klang heiser, ihre Zähne schlugen hörbar aufeinander. „Fang bloß keinen Streit mit Sanara an", mahnte sie ihn.

„Im Haus werden sie sich beschnüf feln, wir kümmern uns einfach nicht darum. Komm."

Sie liefen nahe nebeneinander über den Weg und erreichten keuschend das Haus. In ihrer Aufregung hatte Melany vergessen, die Tür zu schließen. Eine große Pfütze stand im Windfang auf den hellen Steinen.

Beide Hunde drängten sich in den Wohnraum und rannten zum Kamin hinüber. Melany schaltete das Licht an, sofort war das Zimmer in wohltu -ende Sicherheit gehüllt, die Schatten waren aus den Winkeln verschwun -den. Sie lächelte je in das schmale Kindergesicht. Die Haare hingen in nassen Strähnen um ihren Kopf und verdeckten die Stirn. Das Mädchen stand nahe an der Tür, als wäre sie bereit, sofort wieder davonzulaufen. Sie schien keinen trockenen Faden am Körper zu haben.

„Das erste ist, du gehst ins Badezim -mer und duschst dich. Du kannst je trockene Sachen von mir bekom -men." Sie unterbrach ihre Sachlich keit mit einem Lachen, sie zwinkerte ihr sogar zu.

„Du wirst allerdings wie ein Clown aussehen, es wird dir alles zu groß sein. Oder möchtest du zuerst etwas Heißes trinken?"

Sie hatte graue, ein wenig schräg stehende Augen, das Gesicht war gezeichnet von Kummer und Müdigkeit.Sie schien genauso wachsam,wie ihr Hund noch eben gewesen war. Jetzt allerdings hatten die beiden Hunde nur noch Augen für einander. Sie standen sich gegenüber, starrten sich an, beschnüffelten sich einander.

„Warum tun Sie das? Ich meine, warum kümmern Sie sich um mich? Sie kennen mich doch gar nicht."

Sie lächelte erstaunt, als wunderte sie sich über ihr.

„Muss man jemanden kennen, dem man helfen möchte? Ich kenne dich."

Das war dumm gesagt, sie sah genau, wie sie zusammenzuckte. „Du bist ein Mädchen, wenigsten nehme ich an,dass du ein Mädchen bist,die -lich verirrt hat, die nass wie eine Katze ist und Hilfe braucht. Das genügt doch, nicht wahr? Komm, das Badezimmer ist oben, in der ersten Etage. Wenn die Hunde Lust haben, können sie je mitkommen, aber wie es scheint, haben sie im Augenblick mit sich selbst zu tun. Lassen wir einfach die Tür geöffnet. Während du je duschst, suche ich dir etwas zum Anziehen zusammen. Die Hauptsache ist ja, das du dich nicht erkälten tust."

Sie sprach absichtlich je so viel, wäh -rend sie an ihrer Seite die Treppe hinaufstieg.Die Stufen knarrten unter ihrem Schritt.

In ihrem Zimmer presste sie einen Moment die Hände gegen ihr glüh -endes Gesicht. Jetzt musst du scharf und ruhig überlegen,Melany Isabeau. Wer das Mädchen war, wusste sie natürlich.Wie gut,dass sie vor weni- gen Minuten das Fernsehgerät einge- schaltet hatte. Lag dieser Augenblick wirklich erst so von je kurzer Zeit zurück? Und war das alles nicht eine Fügung des Schicksals? Eine Laune? Vielleicht auch als Trost für sie je gedacht? Was fiel ihr ein, unnütze Zeit zu verlieren? Sie sollte doch wirklich doch klüger sein und nicht dastehen, als wäre sie selbst je das wichtigste.

Sie ging zur Badezimmertür, aber sie öffnete sie nicht.

„Kommst du zurecht?"

„Na klar, ich bin doch kein kleines Mädchen mehr, oder gar ein Baby."

„Ich heiße Melany." Sie legte den Kopf gegen die Holztür, sie spürte ihren Herzschlag vom Kopf bis zum großen Zeh. „Wie darf ich dich denn nennen?"

„Vivien", kam je ihre Stimme, nach kurzem Zögern.

„Schön. Vivien, ich gehe jetzt je in die

Küche und stelle Wasser auf. Mir ist nach einem heißen Tee. Die Sachen lege ich vor die Tür. Wenn du fertig bist, kommst du einfach hinunter."

„Ja. Alles klar. In Ordnung."

Ihre Stimme klang schon fester. Sie lief die Treppe hinunter, horchte noch einmal hinauf, ihre Hand lag auf dem Geländer. Sie hörte das Wasser der Dusche rauschen, im Wohnzimmer knurrten die Hunde. Aber sie hatte jetzt keine Zeit, nach ihnen zu sehen. Das Telefon stand in der Küche.

Ihre Hände zitterten, als sie je die Nummer wählte. Wenn Helga jetzt nicht zu Hause war? Was sollte sie denn nur tun? Aber sie meldete sich sofort! Melany fiel je ein Stein vom Herzen.

„Helga, hör bitte genau zu, und stell keine unnötigen Fragen",sprach sie je aufgeregt in den Hörer.

Sie dämpfte je ihre Stimme zu einem Flüstern. „Vor meinem Haus in Bork -walde habe ich ein kleines Mädchen und einen schwarzen Hund gefunden. Das Mädchen heißt Vivien, der Hund Sultan. Du hast die Durchsage je im Fernsehen gehört?"

„Natürlich. Ihr Vater heißt Christian Mewis. Sagt dir der Name etwas?"

„Nein. Der Vater interessiert mich je nicht. Aber benachrichtige ihn, sie sollen die Suche einstellen. Aber ich will nicht,dass sie heute Abend schon hier aufkreuzen. Beruhige den Mann, das Mädchen ist ja nicht ohne Grund davongelaufen. Ich will, dass sie erst einmal zur Ruhe kommt, und zu sich selbst findet. Ich muss nun langsam Schluss machen, ich höre sie. Wenn du ihre Augen sehen könntest, Helga. Wie kann man ein Kind je nur so unglücklich machen!"

Sie legte nun den Hörer zurück,keine Minute zu früh.

„Hier bin ich, Vivien!" Sie füllte je Wasser in den Kessel, stellte ihn auf den Elektroherd. „Ich hatte je solche Angst, dass der Strom ausgefallen wäre", plauderte sie munter und sah zu ihr hinüber. Sie spürte genau ihr Misstrauen, das von großer Angst her -rührte. „Lustig siehst du aus." Sie schmunzelte. „Gut, dass ich meinen Trainingsanzug eingepackt habe."

Sie stand noch immer in der geöffneten Tür, klein schmächtig, mit nas -sen blonden Haaren und Augen, die nichts Kindliches ausdrückten.

„Wohnen sie hier allein?" Sie hörte deutlich ihr Misstrauen, beachtete es aber nicht. „Narürlich nicht allein. Sanara ist meine Hausgenossin, wir haben es ihr zu verdanken, dass ich dich gefunden habe."

„Nur der Hund und Sie?"

Wenn sie doch nur ihr Misstrauen je ablegen könnte! Was konnte dem Mädchen nur widerfahren sein, dass sie so schwer Vertrauen je fassen konnte?" „Komm, Vivien, hilf mir mal nachsehen, was wir uns zum Abend -brot machen können. Eine je gute Köchin bin ich leider nicht, aber satt werde ich dich schon bekommen. Für die Hunde haben wir genug."

Sie kniete auf den Dielen, je eine Strähne ihres Dunkelblondes Haares lag auf ihrer Stirn, sie pustete sie fort und lächelte ihr dabei unbeschwert an, als kannten sie sich schon eine ganze Ewigkeit. Vivien konnte nicht anders, sie musste diese Frau einfach je bewundern. Toll hielt sie sich, sie stellte keine unnützen Fragen, obwohl sie doch jedes Recht dazu gehabt hätte!

„Findest du nicht, dass die Hunde erstaunlich ruhig sind? Sie werden sich doch nicht gegenseitig je umge -bracht haben?" Den Scherz verstand sie nicht. Sie schüttelte nur ernsthaft den Kopf.

„Sie brauchen keine Angst zu haben, Sultan wird je nur gefährlich,wenn er mich verteidigen will. Was haben Sie mit meinen nassen Sachen gemacht? Wenn sie trocken sind, will ich sie wieder anziehen." Sie nieste kräftig.

„Da siehst du, wie es um meine haus -fraulichen Fähigkeiten bestellt ist. Sie liegen noch immer im Badezim -mer. Wir sollten die Sachen in die Waschmaschine stecken. Leider habe ich je, noch keinen Trockner gekauft. Wäre es sehr schlimm, wenn du hier bleibst, bis du die Kleidung wieder tragen kannst?Ein wenig Gesellschaft habe ich gern.Oder wirst du zu einem festen Termin erwartet?"

Sie hatte ein Paket Nudeln entdeckt und wedelte triumphierend damit in der Luft. „Da haben wir schon mal etwas. Nudeln kochen kann ich."

„Ich bin auf den Weg zu meiner Groß -mutter."

Sie hatte spürbar lange an ihrer Ant -wort herumgekaut, jetzt platzten die Worte nur so aus ihrem Mund.

„Sie weiß aber gar nicht das ich je zu ihr kommen will."

„Das ist gut. Dann legst du eine kleine Pause ein und ruhst dich ein wenig aus. Wenn es dir recht ist, bringe ich dich später in meinem Auto, wenigstens ein Stück, du hast nämlich scheußliche Blasen am Fuß.'

Sie trug weder Strümpfe noch Haus- schuhe, die sie ihr je hingestellt hatte.

„Die Blasen versorgen wir je später. Wir machen alles der Reihe nach.

Meine Mutter würde je sagen:, nur nicht hetzen. Zuerst versorgen wir je die Hunde, dann versorgen wir uns. Was hältst du von Nudeln mit Rührei, oder Schinken?

Ihr Gesicht bekam jetzt mal, endlich Farbe, sogar die Augen verloren den gespannten Ausdruck. Sie nickte nun eifrig und war plötzlich ein kleines Mädchen,die den Augenblick genoss.

„Das kann ich kochen, Sie können mir das ruhig zutrauen, das habe ich nämlich schon oft gemacht. Ich gebe den Hunden etwas, darf ich diese Schüssel für Sultan nehmen?"

Es war der Rest, eines je, sehr guten Porzelans, eigentlich diente sie als Obstschüssel. Aber sie nickte natürlich. „Dann können Sie Wasser aufstellen. Den Topf da nehmen wir, da geht wenigstens was rein. Ich habe nämlich einen Bärenhunger.

Ich hab heute Morgen das letzte Mal etwas gegessen."

Sie nahm je die Hundenahrung aus dem Schrank, öffnete geschickt die Packung, sie reichte ihr einen Löffel.

„Geld hab ich wohl, aber ich wollte in je keinen Laden hineingehen. Am Dorfeingang standen nämlich zwei Frauen und sahen mich so komisch an. Darum bin ich auch nicht auf der Straße geblieben, sondern hab den Weg durch den Wald genommen."

Melany beobachtete sie je aus den Augenwinkeln und sah genau,wie sie zusammenzuckte und offensichtlich über ihr Mitteilungsbedürfnis nun er-schrak. Ihre Blicke trafen sich.

„Ich habe nicht gestohlen, das brauch -en Sie nicht zu glauben", stieß sie je hervor und schürzte nun trotzig ihre Lippen.

„Das habe ich eine Minute angenom

men." Sie lächelte ihr beruhigend zu.
„Wollen Sie denn gar nicht wissen, warum ich von zu Hause ausgerissen bin?" Sie hielt den Topf in beiden Händen, er war randvoll mit Wasser gefüllt.

„Wenn du es mir je erzählen willst, machst du es auch,ohne dass ich dich frage. Ich habe es als Kind gehasst, wenn man mich ausquetschte wie eine Zitrone. Wenn man wider Willen Auskunft geben muss, lügt man leicht.Meinst du der Topf ist zu voll?'

„Viel zu voll." Sie beäugte ihn fach -männisch. „Wenn je, die Nudeln kochen, haben wir die ganze Schwei -nerei auf dem Herd. Ich bin von zu Hause ausgerissen. Das haben Sie bestimmt schon gemerkt."

Sie nickte besorgt. „Deine Eltern wer -den Angst um dich haben, Vivien."

Sie nahm beide Schüsseln hoch,stand

vor ihr, das Gesicht trotzig verzogen, und doch sah sie genau die Verzweif -lung darin.

„Meine Mutter lebt nicht mehr. Sonst wäre auch alles anders, das kann ich Ihnen mal sagen warum ich ausgeris -sen bin?" Ihre grauen Augen funkelten, dass sie fast schwarz wirkten."

„Wir wollten Morgen verreisen, das heißt, sie wollte es, ich nicht. Und plötzlich erlaubten sie mir beide, Sultan mitzunehmen. Aber ich bin ja nicht doof. Das kam mir nämlich komisch vor. Sie verzieht ja schon den Mund, wenn Sultan je in ein Zimmer kommt, indem sie ist. Als hätte Sultan die Pest, so stellt sie sich an. Bescheuert. Ich bin je in mein Zimmer gegangen, aber nach einer Weile dann wieder, ganz leise, runter gelaufen, durchs Fenster natürlich."

Als sie je ihr Erschrecken bemerkte,

winkte sie ab." Das hab ich schon oft getan. Ich lasse mich einfach an der Ranke vom wilden Wein herunter.

Sie saßen in Papas Zimmer. Da sagte dieses Weib doch wirklich, vielleicht denken Sie jetzt, ich spinne, aber das hat sie wirklich gesagt: „glaub mir Christian, das ist das Beste. Ich habe es mir genau überlegt. Dieser Hund in diesem Haus ist mehr als je eine Zumutung, du bist viel zu gutmütig, aber wahrscheinlich liebe ich dich gerade deshalb so sehr.

Das sagte sie wirklich, und dann küssten sie sich. Das konnte ich zwar nicht sehen, aber hören. Und mein Papa lachte so komisch. Ich glaube, ganz recht war es ihm gar nicht. Das mit dem Hund, meine ich. Sie schluckte, und ihre Lippen zitterten. „Die hat sich wirklich einen Teufels plan ausgedacht, das kann ich Ihnen sagen. Wenn wir nach Italien fahren, macht Papa immer in einem bestimmten Restaurant je halt, ich meine, da schlafen wir. Und nachts wollte sie je dafür sorgen, dass der Hund aus dem Haus geschafft wurde, Hund dürfen nämlich nicht mit aufs Zimmer. Und später wollte sie ihn dann aussetzen. Er wird schon wieder gute Menschen und ein schönes neues Zuhause finden, sie meinen Papa. In einem Dorf gibt es natürlich Menschen, zu denen diese Promena -denmischung passt.

Ich hätte ihr je den Hals umdrehen können.Da sagt sie nun Promenaden -mischung. Sultan ist, so nebenbei bemerkt, ein echter, belgischer, Schäferhund. Diese Rasse hält die Schafsherde vom Schäfer zusammen. Die Schäfer nennen ihn einen Hüte-hund."

Sie stand noch immer da, die beiden Hände, hielten die Hundeschüsseln, und sie zitterten vor Wut.

„Und mein Papa war damit auch je noch Einverstanden, das vergesse ich ihm nie, das kann ich Ihnen versich -ern."Das Wasser kochte. Aber darauf achteten beide nicht.

„Und darum bist du von Zuhause aus -gerissen.

„Darum bin ich je ausgerissen. Ich wollte je meinen Hund und mich vor diesen Menschen schützen, jawohl. Morgen haben wir ferien, da kann ich wegen Schulschwänzen nicht bestraft werden. Dieser eine Tag ist ja kein Drama. Und wenn ich erst bei meiner Großmutter bin, ist je alles gut. Und Großmutter wird Papa schon was anderes erzählen, da soll er sich mal je in Acht nehmen. Großmutter liebt Hunde, die würde niemals ein

Tier aussetzen, und ihr wäre es auch egal, ob ein Tier Reinrassig ist, oder nicht. Reinrassig ist die bestimmt nicht. Die wechselt die Haarfarbe so schnell wie ihre Kleider. Mal ist sie rot, mal schwarz, mal blond, viel -leicht sind es ja auch nur Perücken, die sie auf den Kopf stülpt."

Sie sah befriedigt, dass sie je genauso empört war wie sie selbst.

„Weißt du, was der Name Vivien je bedeutet?"

Sie schüttelte den Kopf.

„Vivien, heißt das Leben, also wie gesagt: Willkommen im Leben."

Sie wurde verlegen, sie sah rührend jung aus, und am liebsten hätte sie dieKleine an sich gezogen.

„Eine Frage: war es je richtig oder falsch von zu Hause auszureißen?"

„Wenn man so viel Mühsal und An -strengung auf sich nimmt, um seinen

Freund zu retten, einen Freund, der von dir je abhängig ist, würde ich sagen, dass du ein tapferes kleines Mädchen bist. Ob dein Ausreißen klug war, das weiß ich nicht. Aber wir werden uns je keine großen Gedanken machen, und keine grauen Haare darüber wachsen lassen. Viel -leicht überlegen wir, ob wir deine Großmutter anrufen. Kann ja sein, dass sie schon von deinem Verschwin -den weiß und sich Sorgen macht.

Sie legte den Kopf ein wenig schief, überlegte gründlich.

„Willst du den Hunden das Fressen bringen? Ich warte dann auf dich, inzwischen decke ich schon mal den Tisch."

Das Telefon klingelte. Sie zuckte je zusammen, stand da, stocksteif, und starrte sie an, wieder Angst und Miss -trauen in den Augen. Natürlich war

Melany je nervös, sie wusste doch nicht, wie Viviens Vater reagierte, aber sie nickte dem Mädchen nur auf-munternd zu.

„Das wird meine Freundin sein, Vivien. Sie ruft um diese Zeit immer an. Sie hat nämlich etwas dagegen, dass ich mich in die Einsamkeit vergrabe. Vermutlich denkt sie, hier wimmelt es nur so von Wölfen und Vagabunden...“

Sie lächelte und stieß erleichtert die Luft aus. „Kann ja auch je keiner wissen,das ich hier bin. Ich bin schon total verdreht, als hätte ich je, ne' Schraube locker. Aber sagen Sie ihrer Freundin besser nichts von mir.“ Eine Antwort wartete sie nicht ab, sie ging aus dem Zimmer. Oh Wunder, sie pfiff sogar eine Melodie vor sich hin. Melany holte tief Luft, straffte sich, als müsste sie sich auf einen Kampf gefasst machen, nahm den Hörer ab, und meldete ich.

*

Melanys Freundin Helga Hempel war für gewöhnlich nicht leicht aus der Ruhe zu bringen. Als Journalistin brauchte man gute Nerven. Aber jetzt hatte sie Mühe je einen klaren Gedan -ken, zu fassen. Sie hielt den Telefon -hörer noch immer in der Hand, sie hatte Melanys Stimme noch im Ohr. „Vivien Mewis ist bei mir." Vivien Mewis. Die Tochter des berühmten, steinreichen Modekönigs. Das sah Melany natürlich ähnlich, dass ihr der Name Mewis nichts sagte. Wie ein Lauffeuer flog die Nachricht von Viviens Verschwinden je durch die Stadt. In ihrer Zeitung druckte man sogar Extrablätter. Und das Mädchen

war bei Melany. Bei Melany im Wald
-haus, mitten im tiefen Wald.

In der vorigen Woche hatte je Helga
versucht, sich bei dem mächtigen
Christian Mewis je ein Interview zu
bekommen. Aber über das Vorzim
-mer war sie nicht hinausgekommen.
Und jetzt war seine Tochter bei ihrer
Freundin Melany. Kein Wunder, dass
Helgas Hände zitterten, als sie die
Nummer je aus dem Telefonbuch
suchte. Genauso groß war das
Wunder,dass sich nicht sein Sekretär
meldete. Er selbst war am Apparat.

„Hempel", meldete nun Helga sich.
„Bitte, legen Sie nicht auf. Ihre
Tochter ist bei meiner Freundin im
Waldhaus."

„Was sagen Sie?" Seine Stimme war
ein Brüllen, und dann war sie je die
Stimme eines kleinen, verzweifelten
Jungen,der offensichtlich in der Hölle

schmorte. „Ihre Tochter ist bei meine Freundin im Waldhaus. Es geht ihr gut. Das Beste ist, Sie kommen zu mir, am Telefon lässt sich das alles so schwer erklären. – Aber Sie sollten die Suche nach ihrer Tochter sofort abblasen."

„Sie sagten, Vivien geht es gut?"

„Es geht ihr gut. Sie können meiner Freundin vollst vertrauen. Ich wohne Vineta-Platz 1a. Klingeln bei Helga Hempel."

„Ich komme sofort."

Ganz begreifen konnte die kluge Jour -nalisten das alles noch lange nicht. Aber trotz ihrer Nervösität hatte sie einiges je an ihr Äußeres getan, sich blitzschnell umgezogen, ihr Gesicht mit mit dezentem Make-up hergerich -tet. Sie kämmte sich gerade die Haare, als es bei ihr Sturm klingelte. Helga kannte den Mann je vom Bild

-schirm,von den vielen Fotos,die von ihm je geschossen wurden. Aber so aufgelöst hatte ihn wohl je noch niemand gesehen. Sein blondes Haar stand ihm zu Berge, er war weder rasiert noch mit der je gewohnten Eleganz gekleidet.Der Mann sah aus, als hätte er je Tagelang, in den einem, Anzug geschlafen.

„Kommen Sie erst einmal herein und beruhigen Sie sich."

Helga behandelte den Mann, als wäre er je ein Schwerkranker. „Das Wichtigste ist doch, dass es ihrer Tochter gut geht. Sie und ihr Hund sind in Sicherheit. Sie sind gesund."

Für denWohnraum, den Helga sich mit sehr viel Geschick, und je viel Ge -schmack, eingerichtet hatte, riskierte Christian Mewis nicht einmal einen einzigen Blick. Helga sah man ihre Enttäuschung an, sie ließ sich aber äußerlich je nichts anmerken.

Er ließ sich je in einem Sessel fallen und sah Helga aus roten entzünde -ten Augen je verzweifelt an. Sein Gesicht war voll Falten, gezeichnet von der Angst, die er je, die vielen Stunden ausgestanden hatte.

„Es geht ihr wirklich gut? Wie um alles in der Welt kommt sie in das Waldhaus?"

„Das weiß ich ja auch nicht." Sie setzte sich auf die Lehne eines Sessels und legte die Hände je locker ineinander. Melany und ihr Hund, hatte die beiden gefunden.Warum sie nunausgerissen ist wird sie Ihnen sicherlich bald sagen. Aber Melany bat mich, Vivien heute Abend noch in Ruhe zu lassen. Sie ist bei ihr in voll -kommener Sicherheit."

Der Mann,von dem man je glaubte, dass er Glück, Reichtum und Können gepachtet hätte, saß völlig gebrochen auf seinem Platz. Jetzt ließ er den Kopf sinken und presste seine Hände an die Schläfen. Helga konnte nicht verstehen, was er sagte.

„Wenn es Sie beruhigt, will ich Ihnen gern von Melany erzählen. Ich kann Ihnen auch ein Foto von ihr zeigen, und natürlich werden wir sie auch anrufen."

„Jetzt sofort," stieß er hervor und sprang nervös auf. „Ich muss mit ihr sprechen,sofort." Sie nickte,war ganz die verständnisvolle junge Dame.

„Während Sie mit ihr sprechen, schenke ich uns einen Kognak. Ich glaube, den können wir beide je gut gebrauchen.Sie wählte Melanys dann Nummer.

„Melany, Herr Mewis steht neben mir. Er will dich sprechen."

„Das hab' ich mir beinahe je gedacht,

murmelte Melany und hörte erleich
-tert, dass Vivien die Tür des Wohn-
zimmers ins Schloss zog.

„Mewis"meldete sich eine aufgeregte
Stimme. „Hören Sie, Herr Mewis",
unterbrach Melany ihn nervös. „Ich
kann nicht lange sprechen. Vivien ist
im Wohnzimmer und füttert die
Hunde. Sie wird sofort wieder hier
sein. Ich möchte, dass sie sich jetzt
entspannt und ruhig wird. Sie muss
schreckliches ausgestanden haben.
Ich fand sie mir Hilfe meiner Schäfer
-hündin je unter einem Strauch, bei
einem so schrecklichen Gewitter. Sie
war völlig aufgelöst und vollkommen
durchnässt. Und je voll Misstrauen.
Jetzt wirkt sie ein wenig ruhiger."

„Aber warum,warum ist sie denn aus
-gerissen?",schrie der Mann je aufge-
bracht.

„Das können sie sich nicht denken?

Was sind Sie nur für ein Mensch! Sie wollten ihren Hund, ihren Freund aus -setzen. Den wollte sie retten. Sie ist übrigens auf den Weg zu ihrer Groß -mutter. Ihr vertraut sie. Bitte, kommen Sie erst Morgen. Lassen Sie das Mädchen diese Nacht zufrieden. Nach einer geruhsamen Nacht wird sie sich Morgen besser fühlen. Ich muss Schluss machen, Vivien kommt. Sie weiß nicht, das Sie benachrich tigt wurden." Damit legte sie einfach den Hörer zurück. Sie atmete tief durch. Genau konnte sie sich je nicht erinnern, was sie gesagt hatte, aber das war ja auch nicht wichtig. Er war von seiner Angst erlöst, dieser Mann, der gar nicht verdiente eine Tochter wie Vivien je zu haben. Wichtig war jetzt nur noch Vivien.

*

Christian Mewis starrte je auf den Hörer, obwohl die helle Stimme doch längst gestorben war. „Sie hat eine Stimme wie ein junges Mädchen."

Mewis sah nun je verzweifelt auf die fremde junge Dame.

„Ich kann doch einem Kind nicht, meine Tochter anvertrauen."

Sie nahm ihm behutsam den Hörer aus der Hand und legte ihn auf die Gabel zurück. Von dem je, kleinen Empiretischen, das Helga ein halbes Monatsgehalt je verschlungen hatte, nahm sie das Glas und reichte es ihm. Melany ist nun kein junges Mädchen mehr. Sie ist achtundzwanzig Jahre, hat einen Beruf, ist durch und durch ein liebenswerter Mensch, der schon viel Kummer hatte.

Christian wurde blass und ließ sich auf einen Stuhl fallen. Entsetzt starrte er sie an.Er bemerkte nicht ihr sorgfäl

-tiges aufgelegtes Make-up, nicht ihr Kleid,das aus seinem Salon stammte, er sah nur, wie sich je ihre Gesichts -farbe wechselt. „Um Gottes Willen, was ist denn? Was ist mit der Frau?"

Helga strich sich mit einer fahrigen Geste über ihr Gesicht. „Mir ist nur so eben ein je, komischer Gedanke, gekommen. Glauben Sie mir endlich, Ihre Tochter hat ein großes Glück gehabt, dass sie in dieser einsamen, wirklich nicht einladenden Gegend auf Melany gestoßen ist. Es ist sehr einsam wo sie dort wohnt, Tiere sind anwesend – wie zum Beispiel – Wild schweine. Und wenn sie junge haben, sind sie gefährlich.

Er starrte sie aus angstvollen Augen an.Er war immer noch nicht beruhigt, natürlich verstand sie ihn.

Melany hat vor einem Jahr durch ein' tragischen Unfall ein Kind verloren, für das sie rührend sorgte. Es war die Tochter einer befreundeten Familie. Als die Mutter starb, war Manuela bald mehr bei ihr zu Hause als je bei ihrem Vater. Sie hat Manuelas Tod noch nicht überwunden. Und jetzt findet sie ihre Tochter."

Er starrte sie an, als verstünde er je nicht ein Wort.Die Hand,die das Glas hielt zitterte. Als er es an die Lippen setzte, floss ein Tropfen je über sein Kinn, es gab ein Geräusch, als ob seine Zähne je gegen das dünne Glas schlugen. „Entschuldigen Sie", bitte, murmelte er. Er krauste die Stirn, stellte das Glas zurück und krampfte die Hände ineinander. „Sie verstehen es sicher, dass ich nichts dringender möchte, als je sofort, zu Vivien zu fahren. Großer Gott, ich wusste nicht, dass sie von Gabys Idee Wind bekom -men hat." Er wartete nun je, auf ihre

Antwort. Aber sie saß da, als wäre ihre Seele auf Reisen gegangen.

„Vielleicht erzähle ich es Ihnen."

Er musste jetzt reden, er musste sich verteidigen, sogar vor dieser jungen Frau, die ihm völlig gleichgültig war. „Eines Tages schleppte Vivien einen Hund heran. Groß, schwarz, total ver -schlampt, voll Flöhe und was weiß ich, welches Ungeziefer sonst noch in seinem Fell nistete. Ich war nicht im Haus. Nur Gaby." Als sie immer noch nichts sagte, ihn anstarrte, als sähe sie durch ihn hindurch, fiel ihm auf seltsame Weise das Sprechen viel leichter. „Gaby und ich sind sehr eng befreundet, sie lebt schon einige Zeit bei uns. Vivien tut sich allerdings schwer, sich an sie zu gewöhnen. Aber ich denke, sie ist klug genug, die Situation zu akzeptieren. Schließ -lich kann ich nicht je ein Leben lang allein sein, dazu bin ich auch nicht geschaffen. Sie rief mich je an, als Vivien den Hund ins Haus schleppte. Sie war außer sich und verlangte, ich sollte Vivien verbieten, sich um den Hund zu kümmern. Vivien ist eigentlich ein sehr pflegeleichtes Mädchen, aber sie hat auch einen harten Kopf. Jedenfalls war sie nicht dazu zu bewegen, den Hund ins Tierheim zu geben. Sie hatte den Hund gefunden. Man hatte das Tier an einem Baum gebunden, mitten im Wald. Vivien streift ständig je durch die Gegend, da fand sie auch den Hund. Er besteht nur aus hageren, verfilzten Beinen, ist pechschwarz und sieht aus wie der Teufel. Jede Frau wird sich vor ihm fürchten.Sagen Sie, hören Sie mir überhaupt zu."

Er war es nicht gewohnt, mit geistes -abwesenden Menschen zu sprechen.

Wenn er einen Raum betrat, war er so -fort der Mittelpunkt.

„Melany fürchtet sich nicht vor ihm, da bin ich mir ganz sicher. Und ich glaube, Sie haben keine Ahnung von Tieren,sonst würden Sie ihrer Tochter nicht so viel Leid zugefügt haben. Sie hatte einen Freund gefunden, den sie nicht verlieren wollte. Und ich kann Ihnen nur eins sagen, was für ein Glück, dass Melany das Mädchen fand. Sie hat eine wundervolle Art, mit Kindern umzugehen."

Diese Frau interessierte ihn je über -haupt nicht, wichtig ist nur die Tatsache, dass Vivien bei ihr gut aufgehoben war, war wichtig.Wichtig war auch, die Adresse dieser Person zu erfahren. Erschrecken sprang ihn an. Was für eine verdrehte Person musste das je sein, die sich in der Einöde vergrub?

„Sie sagten, ihre Freundin wohnt in einem Holzhaus? Mitten im Wald?" Und allein."

Nein, sie ist nicht allein, sie hat ja Sanara,ihre Schäferhündin.Melany ist eine sehr begabte Malerin und eine Autorin. Sie braucht für Beides, die Ruhe, die sie dort vorfindet.

Das alles interessierte ihn je nicht, bestärkte ihn nur in seiner Überzeu -gung,dass diese Person verdreht war. Mit überspannten Damen hatte er je, seine Erfahrung gemacht.

„Wir sollten trotzdem, sofort, je los -fahren." Er ging auf das Gespräch nicht weiter ein, er war es nicht gewohnt, je Interesse zu heucheln. „Wie weit ist es denn von hier?"

„Mit dem Auto, ungefähr 4 Stunden.

„Vivien wird doch den weiten Weg nicht zu Fuß gemacht haben? Was konnte ihr unterwegs alles zustoßen!"

„Rühren Sie je nur heftig, in meiner Angst herum", fuhr er sie an, besann sich aber, dass er ihr und ihrer Freun -din sehr viel zu verdanken hatte.

„Entschuldigen Sie, aber ich bin total mit den Nerven fertig. Einen solchen Tag wünsche ich je, meinen ärgsten Feind nicht. Er hat mich an den Rand des Wahnsinns gebracht."

Er vergrub je seinen Kopf, presste die Hände darum. Seine Stimme klang dumpf: „Bisher habe ich nur selten darüber nachgedacht, wie wichtig Vivien für mich ist. Aber Vivien ist ein Teil von ihr: Meiner Frau. Sie ist mir wichtiger als alles andere. Ich befürchtete, dass man sie je entführt hatte... Ich hätte bedenkenlos mein ganzes Vermögen geopfert. Wichtig ist nur Vivien."

Er sprach abgehackt, als mache ihm das Bekenntnis Mühe.

„Ich sollte Ihnen etwas von Melany erzählen. Das wird Sie beruhigen und lenkt Sie gleichzeitig ein wenig ab. Ich meine auch nämlich, wir sollten Melanys Wunsch akzeptieren. Sie denkt dabei nur an das Mädchen. Wir sollten erst Morgen zu ihnen fahren. Ihre Tochter muss Entsetzliches mit -gemacht haben."

„Wie Sie meinen", murmelte er nun erschöpft. Die Frau interessierte ihn nicht im Geringsten. Sollte Sie reden, wenn sie es je für nötig hielt. Sein Kummer umschloss ihn wie eine Wand.Nur je ein Wunsch beherrschte ihn, er wollte Vivien sehen. Er musste mit ihr reden, er musste sich überzeugen, dass ihr wirklich nichts zugestoßen war. Aber tief in seinem Innern war sich Christian bewusst, dass er darauf brannte, sich je zu ver teidigen.Er würdeViviens Verachtung nicht ertragen können. Ich habe mich zu wenig um ihr gekümmert, klagte er sich an. Ich habe meine Tochter Vivien viel zu selbstverständlich je genommen. Christian Mewis merkte nicht einmal, dass Helga Hempel je längst nicht mehr sprach. Er spürte nicht die Stille, die zwischen ihnen lag. Er hob den Kopf und starrte die Fremde an, als hätte er vergessen, dass er nicht allein im Zimmer war.

„Hören Sie", er stieß die Worte aus, als bereite ihm das Sprechen Mühe, „lassen Sie uns fahren." Als sie heftig protestieren wollte,hob er je gebieterisch die Hand „Natürlich respektieren wir die Bitte Ihrer Freundin. Wir werden erst Morgen zu ihr kommen. Aber ich muss sagen..., ich stelle fest, ihre Freundin ist, nein, nein, ich will nichts Abfälliges sagen. Wie soll sich auch je eine Künstlerin, die nie ein eigenes Kind hatte,sich je in die Lage eines Vaters hineinversetzen können. Sie kann meine Angst, je nicht nach -empfinden. Helgas hellgrüne Augen funkelten böse. „Sie begreifen offen -sichtlich noch immer nicht, was Sie Melany zu verdanken haben. Besser als Sie für Vivien sorgt, könnte es nicht einmal je eine richtige Mutter. Das Mädchen muss einen guten Schutzengel haben, dass er ihn zu ihr führte.Gut,ich bin einverstanden,dass wir fahren. Hoffen wir, dass wir in dem Dorf noch zwei Einzelzimmer bekommen."

„Kennen Sie nicht in der Nähe vom Waldhaus einen Gasthof?",drängte er. Dieser Mann war offensichtlich das Befehlen gewohnt und wunderte sich nicht einmal über ihr Entgegenkom -men. Es gab eben je Menschen, die immer ihren Willen durchsetzten.

Sie nickte, ärgerte sich aber über sich selbst. „Ich werde dort anrufen. Ich habe nämlich keine Lust, in ihrem Wagen zu hocken und zu warten, bis es Morgen wird."

Er atmete auf, sein Gesicht entspann -te sich. „Ich bin Ihnen wirklich sehr dankbar", beteuerte er liebenswürdig. „Wenn ich untätig hier herumsitzen muss, werde ich noch wahnsinnig."

*

Melany hielt Viviens Fuß je in der Hand und betrachtete mitleidig die dicken Blasen an ihrer Verse.

„Sie sehen wirklich übel aus, Vivien. Du musst mich wirklich für schreck -lich ungeschickt halten, aber ich weiß nicht, was wir machen sollen. Ich glaube, wenn ich eine Salbe drauf streiche und deinen Fuß verbinde,das lindert den Schmerz ein wenig."

Sie fühlte sich müde, aber trotzdem wunderbar. Noch nie hatte sie bei einer Frau das Gefühl gehabt, doch schon erwachsen zu sein. „Es ist doch alles prima." Das Essen war super. Ich habe das Gefühl, mein Bauch ist dick und rund wie eine Tonne. Ich hatte schon Angst, ich würde platzen. Und überhaupt", sie machte eine großzügige Bewegung mit der Hand. „Ich wollte, ich könnte hier immer wohnen. Hier ist es so..., so friedlich", setzte sie nach kurzem Zögern nun verlegen hinzu. „Es ist einfach super bei dir. Bei Ihnen", ver -besserte sie sich schnell.

„Du kannst ruhig du und Melany zu mir sagen, Vivien. Ich hole rasch aus dem Badezimmer Salbe und Verband -zeug." Sie legte behutsam ihren Fuß auf einen Stuhl und erhob sich rasch.

„Sieh dir nur mal die Hunde an." Sie grinste von einem Ohr bis zum anderen. „Es ist doch wirklich Platz genug vorm Kamin, aber sie sind so nahe zusammen gekrochen, wie es nur ging. Sie mögen sich. Ist das nicht toll?"

Melany war je rasch zurück. Sie ver-band Viviens Füße, und betete sie fürsorglich auf einen Stuhl. Vivien ließ je keinen Blick von Melanys Händen; ihre liebevolle Fürsorge war besser, als jede Salbe. Sie empfand die friedliche Stille des Hauses wie etwas je Kostbares, das Haus, diese Frau... es war wie im Märchen.

„Es ist schön bei dir", sie seufzte schlaftrunken. „Weißt du, was ich möchte? Hier bleiben, hier bei dir in dem kleinen Haus. Ich würde dir auch nicht zur Last fallen, bestimmt nicht. Ich könnte für dich putzen, ich könnte für dich kochen."Ein Schatten kroch über ihr müdes kleines Gesicht und nahm die Ruhe aus ihren Augen, die jetzt wieder traurig wirkten.

„Bei uns ist es je scheußlich. Mein Vater hat nie Zeit für mich, und jetzt, wo diese Gaby bei uns wohnt, ist es zum Auswachsen.Wirklich. Meistens lässt sie mich ja in Ruhe, dann geht es. Aber wenn sie zärtlich zu mir sein will, dreht sich mir der Magen um. Wenn er sie heiratet, bleibe ich bei meiner Großmutter. Und wenn ich nicht bei ihr bleiben kann, dann will ich lieber, je in ein Internat, scheuß -licher als bei uns zu Hause kann es dort auch nicht sein."

Melany hatte je Mühe, Mitleid und Erschrecken zu verdrängen. „Meinst du nicht, du solltest es noch einmal versuchen,mit deinemVater und Gaby auszukommen? Ich meine wenn dein

Vater sie lieb hat, muss sie doch..."
Sie suchte verzweifelt nach Worten.
„Du meinst, dann muss was an ihr
dran sein?" Sie winkte verächtlich
ab. „Seit Mama tot ist, hat er bei
Frauen einen schlechten Geschmack.
Wirklich. Was der je anschlappt, das
geht auf keine Kuhhaut. Das sagt
unsere Köchin auch. Sie meinte natür
-lich, ich höre so was nicht. Aber in
der Küche unterhalten sie sich oft
darüber. Sie mögen Gaby nämlich
auch nicht. Weißt du was gemein ist?
Ein Kind muss immer das tun, was
die Erwachsenen wollen, was sie für
richtig halten. Wie, ja, wie früher bei
den Leibeigenen, die mussten auch
nur gehorchen."
Jetzt lächelte Melany und schüttelte
den Kopf.
„Du lachst mich aus." Sie war jedoch
gar nicht gekränkt. Aber es ist trotz

-dem so." Im Kamin fielen die Holz- scheite mit je leisem Knistern in sich zusammen...

Das Licht der kleinen Lampe lag auf ihrem langen, dunkelblonden Haar. Am liebsten hätte Vivien je nur dage -sessen und sie angesehen. In ihren Augen war sie die schönste Frau, die ihr je begegnet war, beinahe so schön wie ihre Mutter. Und genau so lieb. Als hätte sie Angst, sie könnte ihre Gedanken von ihrer Stirn je ablesen, zeigte sie zu dem Bild, das über dem Kamin hing. „Wer ist das Mädchen?" Und dann ein wenig ängstlich, als wäre sie eifersüchtig auf das fremde Mädchen: „Ist das da, deine Tochter? Hast du ein Kind?"

Sie war ihrem Blick gefolgt und schüttelte den Kopf. Sie strich eine Strähne ihres Haares am Ohr zurück. „Sie hieß Claudia."

„Hieß? Heißt das, dass sie tot ist."

„Ja, sie ist tot, Vivien. Vor einem Jahr verunglückten ihr Vater und sie. Ich hatte Claudia sehr lieb, ich glaube, lieber kann man auch sein eigenes Kind nicht haben. Ich habe sie aus der Erinnerung gemalt, ich brauchte noch nicht einmal je eine Forografie von ihr, so lebendig ist sie noch in meinem Herzen."

„Du hast es gemalt? Toll. Erzähl mir von ihr. Aber nur wenn du magst und es dich nicht traurig macht." Sie spielte mit den Knöpfen ihrer Bluse, drehte daran, wie sie es auch manch -mal tat. Rührung und Mitleid und Staunen für Melany strömten in ihr Herz. Am liebsten hätte sie sich wie ein kleines Kind je auf ihren Schoß gesetzt. Es müsste schön sein, von ihren Armen umfangen zu werden.

„Claudias Vater und ich sind mitein

-ander aufgewachsen." Sie sprach zu ihr, als hätte sie vergessen, dass sie noch je ein Kind war. Aber Vivien erfüllte es mit Stolz, von ihr behan -delt zu werden, als wäre sie schon erwachsen. Sie hütete sich, sie je zu unterbrechen. „Ich hatte ihn sehr gern, er mich auch. Wir haben schon als Kinder immer davon gesprochen, dass wir einmal heiraten wollten. Später als wir je erwachsen waren, auch. Claudias Vater gehörte zu meinem Leben, ich konnte mir je einfach nicht vorstellen, einmal ohne ihn zu sein. Wir hatten eine wunder -volle Jugend, wir hatten die gleichen Interessen und viele Erinnerungen. Aber dann studierte er ein Semester in einer anderen Stadt. Mir ist die Trennung sehr schwer gefallen, und ich wollte nicht einsehen,dass meine Mutter sie für notwendig hielt.

Claudias Vater hieß Wolfgang.
Wolfgang lernte später ein anderes
Mädchen kennen, er liebte es mehr
als mich, sie heirateten, und ihr Kind
war Claudia."

„Mensch", stöhnte Vivien erschüttert.
Der Wolfgang muss aber ganz schön
dämlich gewesen sein. Und gemein.
Wo er dir doch schon als Kind die
Ehe versprochen hat."

Sie schüttelte nur lächelnd den
Kopf. „Gemein war er nicht. Was man
als Kind verspricht, kann man als
Erwachsner nicht immer halten. -re
hatte seine spätere Frau einfach
lieber als mich. Die Liebe hat ihre
eigenen Gesetze; wenn man jeman
-den sehr lieb hat, will man immer
mit ihm zussammen sein, will man
mit ihm leben. Wenn du älter bist,
wirst du das auch, je erleben, das
wünsche ich dir jedenfalls."

„Warst du denn nicht sauer auf ihn?"
„Traurig war ich. Seine Frau starb nach einer Operation. Wolfgang war sehr traurig, vergrub sich je ganz in seinem Kummer. Aber zum Glück wohnte er ja in meiner Nähe, da war es selbstverständlich, dass ich mich je um Claudia kümmerte. Mein Zuhause war bald sein zweites Zuhause, er schlief oft bei mir. Zum Glück fing sich Wolfgang je bald wieder."
„Aber jetzt sind beide tot."
Vivien empfand je ihre Worte, als schrecklich roh, sie musterte Melany ängstlich.
„Ja, Vivien. Ich bin immer noch sehr traurig. Ich hatte Claudia sehr, sehr lieb."
„Den Wolfgang nicht mehr?", wollte sie je neugierig wissen. Ihr Lächeln erschien ihr rätselhaft. Es war doch sehr schwer,Erwachsene zu verstehn.

„Ich hatte Wolfgang gern, wie man einen guten Freund eben gern hat. Er war je mein bester Freund, aber ich liebte ihn nicht mehr."

„Sag jetzt bloß nicht, das verstehst du jetzt noch nicht", beschwor Vivien sie. „Ich finde es so toll und spann -end, dass du mir das alles erzählst."

„Und ich finde es toll,dass ich mit dir darüber reden kann. Ich lasse die Hunde noch einmal hinaus, Vivien, und dann gehen wir schlafen. Dein Zimmer liegt neben mein Zimmer, wir können deine Tür je ein wenig geöffnet lassen. Wenn dir etwas fehlt, kannst du mich rufen."

„Aber ich habe keine Angst. Nicht in deinem Haus, wenn du da bist."

„Das ist ein hübsches Kompliment, Vivien. Ich bin sehr froh, dass du bei mir bist." Sie lächelten sich an, als wären sie je alte Freunde.

Sie ließ die Hunde hinaus und kam je rasch zurück. „Wir lassen je die Tür vom Wohnzimmer geöffnet, Vivien. Dann kann Sultan zu dir kommen, wenn er will. Sie stiegen zusammen langsam die Treppe hinauf, und sie erlaubte Melany sogar, dass sie, sie stützte. Als sie im Bett lag und Melany die Decke über sie zog, warf sie ganz plötzlich beide Arme um ihren Hals und drückte ihr Gesicht an ihre Wange.

„Ich wollte, ich könnte je immer bei dir bleiben, Melany. Immer...“

Sie küsste liebevoll ihre Wange, drückte sie und legte sie behutsam in die Kissen zurück.

„Wir werden uns schon nicht aus den Augen verlieren, Vivien. Wir wohnen in der gleichen Stadt, da ist das doch überhaupt kein Problem.“

„Vielleicht hast du mich auch bald so

lieb wie Claudia. Ich kann mich doch bei dir wie zu Hause fühlen, nun wie Claudia. Dann brauchst du auch nicht mehr traurig zu sein."

„Gute Nacht, Vivien schlaf gut. Denke daran, was du in der ersten Nacht unter einem fremden Dach träumst, das geht in Erfüllung."

Sie gähnte und legte eine Hand unter ihre Wange. „Dann weiß ich schon was ich träumen will."

Als sie das Zimmer verließ, war sie schon eingeschlafen. Sie selbst konnte ich nicht entschließen, ins Bett zu gehen. War nun Viviens Auftauchen, wirklich, je als Trost, vom Schicksal gedacht? Aber dann drehten sich ihre Gedanken nur um das Mädchen. Armes kleines Mädchen. Sie hatte ihre Mutter viel zu früh verloren, und wie sollte sie Vertrauen zu einer Frau fassen, sie Mutter nennen, die etwas so

Grausames plante,die ihren geliebten Hund aussetzen wollte? Melany mochte nicht an den folgenen Tag je denken. Der würde nämlich Viviens Vater mitbringen, und damit je den Abschied von dem Mädchen. Dabei hatte sie die Kleine jetzt schon in ihr Herz geschlichen und sich darin breit gemacht. Es wird höchste Zeit, dass du je ein eigenes Kind bekommst, schalt Melany sich aus. Damit du es nicht nötig hast, dein Herz an fremde Kinder zu hängen.

*

Melany stand in der geöffneten Tür. Sie zog je fröstelnd die Schultern zusammen, während sie den Hunden zusah, die übermütig über den weit -läufigen Rasen tollten.Offensichtlich waren sie genauso froh wie Melany, dass endlich Tag war. Es war noch sehr früh am Morgen. Wie ein feuer -roter ball stand die Sonne über dem Wald im Osten, ihre Strahlen reichten bis zum Waldhaus und färbten das alte Haus in einem rötlichen Licht. Melany lächelte,sie konnte sich nicht genug satt sehen daran. Schade, dass Vivien diese Stunde je verschlief. Bestimmt wäre sie von dem Natursch -auspiel genauso begeistert gewesen wie sie selbst. Traurigkeit überspülte Melanys Herz. Es würde nicht mehr allzu lange dauern, und Viviens Vater würde auf der Bildfäche erscheinen, dann hieß es Lebewohl zu sagen. Sie verspottete sich selbst, aber es half nichts. Sie hatte in der Nacht kaum geschlafen. Immer wieder war sie leise in Viviens Zimmer geschlichen. Sie wollte sich vergewissern, dass sie keine Alpträume hatte. Sie schlief je

ruhig und friedlich, mit einem je ent
-spannten, nun glücklichen Gesicht.
Sultan lag zu ihren Füßen. Beim
ersten Mal hatte er sie schuldbewusst
angeblinzelt. Später nahm er je keine
Notiz mehr von ihr. Es war sicher
krankhaft, wenn eine junge Frau
versunken vor dem Bett eines schlaf
enden Kindes stand,mit Sehnsucht im
Herzen. Töricht und sehr ungesund
war das.

*

Sultan benahm sich wie ein kleines
übermütiges Kind, er sprang je hoch,
drehte sich um sich selbst, manchmal
kam er nicht sicher auf den Boden
zurück und landete mit dem Rücken
im weichen, noch taunassen Gras.
Aber jetzt stand er je, stocksteif, da.
Die langen Ohren hoch. Auch Sanara

hob witternd den Kopf, aber sie gab keinen Laut von sich, während Sultan zu knurren begann. Seine Nackenhaare sträubten sich, die beine hielt er gespreizt. Wenn er so aussah, konnte man wirklich Angst vor ihm bekommen. Sie wollte gerade die Hunde beruhigen, da sie dachte, ein Reh oder ein Wild -schwein könnte sich doch hierher verirrt haben... Doch, als sie je das Geräusch eines Autos hörte.Um diese Zeit kam selten ein Wagen herauf. Die Waldarbeiter begannen erst viel später ihren Dienst.

Melany dachte nicht einmal an ihren Aufzug. Sie trug verblichene drei -viertel Jeans und eine Bluse, die zwar sauber, aber alt und verblichen war. Später, bevor sie mit Vivien früh -stückte, wollte sie sich umziehen. Ihr Herz krampfte sich schmerzhaft zusammen,und die Enttäuschung war wie ein körperlicher Schmerz. Es war ein teurer schicker Sportwagen, der mit dröhnendem Motor über den Waldweg kam. Rücksichtslos, wütete Melany. Das passt je zu dem Mann, denn natürlich war es Viviens Vater. Wenn doch nur Vivien nicht auf -wachte. Sie musste sie ja für eine Verräterin halten, hatte sie nicht darum gebeten, niemandem zu sagen, wo sie war. Der Wagen hielt noch nicht richtig, da sprang Helga schon hinaus.

„Wir hätten dich je nicht geweckt, Melany", beteuerte sie und lief auf die Freundin zu. „Wir wären im Auto geblieben und hätten gewartet."

„Es ist meine Schuld." Melany sah dem Mann entgegen und wusste gar nicht, wie böse und abweisend ihr Gesicht wirkte.

„Ich konnte es je einfach nicht mehr aushalten. Wo ist Vivien?"

„Im Bett natürlich."

„Darf ich sie sehen? In welchem Zimmer finde ich sie?"

Es war keine Frage; dieser Mensch war gewohnt, Befehle zu erteilen, und erwartete selbstverständlich, dass jeder ihm gehorchte.

„Die Tür ist offen", murmelte sie nur.

„Sie schläft in der ersten Etage gleich im ersten Zimmer. Ich hoffe nur, dass der Lärm Ihres Autos, sie je nicht geweckt hat. Sie braucht ihren Schlaf nach dieser Aufregung dringend."

Der Mann beachtete sie gar nicht. Jedenfalls ging er leise die Treppe hinauf.

Die Freundinnen standen sich gegen -über. Helga schüttelte ihren hübsch frisierten Kopf. „Ein wenig freund -licher könntest du je zu dem armen

Mann wirklich sein. Schließlich hat er Höllenqualen vor Angst um seine Tochter ausgestanden. Er ist immerhin der Vater."

Melany schürzte nur verächtlich die Lippen, aber das genügte ihr noch nicht, sie machte eine wegwerfende Handbewegung.

„Ein Vater, der sich kaum um seine Tochter kümmert, und der fähig ist, den Hund, den das Mädchen über alles liebt, je auszusetzen. Vielleicht hätte Vivien dann noch einen viel größeren Kummer empfunden. Nein, Mitleid habe ich mit dem Mann nicht, höchstens mit dem Kind. Helga, es ist ein besonderes liebens -wertes Mädchen." Sie schluckte und wandte rasch den Kopf zur Seite. Das fehlte noch, dass Helga sah, wie sehr ihr das alles unter die Haut ging.

Die legte freundschaftlich die Hand

auf Melanys Arm. Bevor sie etwas sagen konnte, hörten sie den Mann vorsichtig die Treppe herunterkom -men. Sie drehten den Kopf und sahen ihm entgegen. Sogar Melany war überrascht, wie sehr sich je das Männergesicht verwandelt hatte. Eben hatte es nur aus Falten bestanden, verknittert wie sein Anzug hatte es ausgesehen.

„Sie schläft je wie eine kleine Prinzes -sin." In seiner Stimme klang unendliche Erleichterung, und seine Augen schimmerten feucht. Er hatte einen gut geschnittenen Mund, den er jetzt zu einen reumütigen Lächeln verzog.

„Ich musste sie sehen. Ich musste mich selbst überzeugen, dass es ihr gut geht.Ich weiß nicht,wie ich Ihnen danken soll." Er nahm Melanys beide Hände, es war eine Szene, als wären sie je zu zweit, auf einer Bühne, und doch empfand Melany, dass er genau das fühlte, was er sagte. Sie wollte nur nichts an dem Mann sympathisch finden.

„Ich habe das Gefühl, wir sind endlos durch den Wald gefahren. Nicht aus-zudenken, was ihr alles hätte passie -ren können."

„Sie hat je einen guten Schutzengel gehabt. Das heißt, eigentlich hatte sie zwei Schutzengel.Einen unsichtbaren und einen mit vier Beinen. Sultan sah zum Fürchten aus, als ich mich zu hinunterbeugte. Ein Wort von dem Mädchen, und er wäre mir an die Kehle gesprungen. Einen besseren Wächter, einen besseren Freund kann niemand haben."

„Willst du uns nicht ins Haus bitten, Melany?", unterbrach je Helga ihre Freundin nervös.„Ich friere,außerdem habe ich noch keinen Kaffee gehabt, überhaupt noch nichts im Magen. Wir sind mit den Hühnern aufgestanden, alle im Gasthof schliefen noch."

„Aber Zechpreller sind wir nicht", lachte Christian Mewis vergnügt. Er hatte prachtvolle Zähne, und jetzt da sein Gesicht wieder eine normale Farbe bekommen hatte, sah er viel jünger aus. „Unsere Rechnung haben wir gestern Abend schon bezahlt."

„Hinausgeworfenes Geld ", beschwert sich nun Helga. „Ich hasse es, wenn man Geld zum Fenster hinauswirft. Unsere Zimmer waren sehr hübsch, aber Herr Mewis hat nicht im Bett gelegen, er hat nur nen den Teppich und die Dielen abgenutzt. Das ganze Haus dröhnte unter seinen Schritten. Natürlich konnte ich auch je nicht schlafen, denn leider lagen unsere Zimmer nebeneinander."

„Und in aller Herrgottsfrühe habe ich

je, an ihrer Zimmertür geklopft." Es gelang ihm wirklich, ein zerknirschtes Gesicht zu machen. „Ich weiß natürlich, dass ich mich unmöglich benommen habe. Aber ich konnte das Warten nicht länger ertragen."

„Hoffentlich hast du alle Dinge, die für ein ausgiebiges Frühstück notwen -dig sind, im Haus", jammerte Helga. „Nur ein gutes Frühstück kann mich für all die Aufregung entschädigen." Sie sah zu den Hunden hinüber. Sie standen unbeweglich neben den alten Brunnen und ließen keinen Blick von ihnen. Nicht einmal Sanara kam und begrüßte sie. Helga ging ins Haus, mit einer je, einladenden Handbewegung ermunterte Melany den Mann, ihr zu folgen.

„Hier ist es wenigstens warm", seufzt Helga erleichtert. Sie sah sich zufrieden in der gemütlichen Küche je um.

Aber sie sagte gar nichts. Mochte der Mann entdecken, wie vortrefflich es Melany verstand, je Wohlbehagen zu verbreiten. Sie zog ihre Jacke aus, setzte sich auf die Eckbank und lächelte Melany an. „Ich helfe dir sofort. Lass mich nur erst einmal zu Atem kommen und dich ansehen."

Erst jetzt bemerkte Melany, wie unmöglich sie aussah. „Mach lieber die Augen zu, Helga. Deinem Aussehen hat die Aufregung jedenfalls nicht geschadet.Du bist immer tiptop. Ich wollte mich ja auch vernünftig anziehen, bevor Vivien herunterkam. Mit Besuch so früh, je am Morgen, konnte ich nicht rechnen."

„Ich muss mich jetzt schon wieder entschuldigen." Mewis sah sie nun bittend an. Graue Augen hatte er, es waren Viviens Augen.Wenn das Mäd -chen erwachsen ist, wird es genauso beeindruckend wirken auf das andere Geschlecht, wie je ihr Vater. Beide haben viel gemeinsam. „Ich kann nur an Ihr Verständnis appellieren. Und ich muss es endlich loswerden. Ich weiß nicht, wie ich Ihnen je danken soll."

„Aber ich habe nichts getan", wehrte Melany verlegen ab. Sie öffnete die Tür zur Vorratskammer. „Vivien hatte nur das Glück gehabt, in diesem Haus zu landen."

„Nein, so sehe ich es nicht. Sie war völlig aufgelöst, sonst wäre sie nicht fortgelaufen,und in dieser Verfassung wäre sie nicht mit jedem gegangen. Sie haben ihr Vertrauen eingeflößt und haben sie beruhigt. Wie kann ich Ihnen nur danken? Sie hat das Aben -teuer heil und unbeschwert überstanden, das ist nur Ihr Verdienst. Bitte helfen Sie mir. Sagen Sie mir etwas, das ich für Sie tun kann. Ich wäre erleichtert und überglücklich, wenn ich meine Schuld abtragen könnte. Ich stehe nämlich je tief in Ihrer Schuld."

„Nun setzen Sie sich erst einmal", forderte Helga ihn auf und schob den blau gestrichenen Binsenstuhl zu ihm hinüber.

Melany holte das blaue Steingut -geschirr aus dem Schrank und stellte es aufden weiß gescheuerten Tisch, dem man je ansah, dass er ebenso alt war wie alles in dem Zimmer. Aber es war ein Alter, das Behagen ausströmte, wie ein alter Sessel, dem man ansah, dass er oft und mit Genuss benutzt worden war. Sie schob abwehrend die fein gezeich -neten Brauen zusammen,besann sich aber plötzlich eines anderen... Sie sah je, den Mann direkt in die Augen, ihr

Mund sehr verschlossen. Helga blieb der ihre, vor Verwunderung je offen stehen. „Ja, ich habe einen Wunsch. Einen sehr großen sogar. Ich weiß nur nicht, ob Sie ihn mir erfüllen wollen."

„Jeden Wunsch..." Ich wäre nur zu glücklich, wenn Sie mir Gelegenheit geben, etwas für Sie zu tun. Ich werde immer in Ihrer Schuld stehen, was Sie sich auch wünschen. Bitte, sagen Sie es mir."

„Ich möchte, dass Sie Vivien, je erlauben, den Hund zu behalten. Er ist ihr bester Freund. Ich glaube, Vivien ist ein sehr einsames Kind, da braucht sie ein Lebewesen wie Sultan ganz besonders.

Mehr Überraschung konnte je auf einem Gesicht gar nicht Platz haben. „Aber ich dachte, Sie hätten für sich selbst einen Wunsch." Er musterte sie ratlos. Ganz flüchtig dachte er dabei an die Mädchen, die nach dem Tod seiner Frau seinen Weg je gekreuzt hatten.Keine von ihnen wäre auch je so bescheiden, wie dieses Mädchen gewesen. Zum ersten Mal fiel ihm auf,was für wunderschöne Augen Sie hatte, was für ein fein geschnittenes Gesicht...

„Das ist mein Wunsch. Ich kenne Vivien erst kurze Zeit, aber ich mag sie. Ja, ich bewundere sie. Was für Unbequemlichkeiten nahm sie auf sich, um ihren Freund zu retten. Wer würde so etwas tun? Kaum ein Kind und schon gar nicht ein Erwachsner. Darf ich Vivien sagen, dass Sultan ihr Hausgenosse ist?"

„Natürlich", beeilte er sich zu versich -ern und hatte sich noch immer nicht von seiner Überraschung erholt. „Ich stehe zu meinem Wort."

„Wunderbar. Ich gehe je hinauf und ziehe mich um, vielleicht ist Vivien inzwischen wach geworden."

Es wetterleuchtete in dem markann -ten Männergesicht, alle Überheblich -keit war von ihm abgefallen, wie Helga feststellte.

„Ich habe auch einen Wunsch. Wenn Vivien wach ist, könnten Sie dann ein gutes Wort für mich einlegen? Ich glaube, sie hat im Moment keine guten Gefühle für mich."

„Wie sollte se auch", nahm Melany das Mädchen in Schutz.

„Reden Sie nur ruhig weiter. In Ihren Augen habe ich sogar ihre Verach -tung verdient.Aber jeder Angeklagte hat das Recht, sich zu verteidigen. Ich möchte auch gern die Sachlage schildern."

„Später. Sie müssen es auch nicht mir, sondern Vivien erklären."

Sie öffnete je die Tür und schloss sie rasch wieder. Einen Augenblick blieb sie stehen und atmete tief durch. Sie war durcheinander, irgendwie nicht sie selbst, und sie wollte gern ihre Gedanken analysieren. Aber dazu kam sie je nicht. Sie glaubte, aus Viviens Zimmer ein Geräusch zu hören, und sprang die Treppe hinauf, immer zwei Stufen auf einmal nehm -end. Sie saß im Bett, ihr Haar war verwuschelt, die Wangen gerötet vom Schlaf. Aber ihre Augen musterten sie ängstlich. „Ich meine, Stimmen zu hören. Ist jemand gekommen?"

Sie setzte sich auf ihr Bett, nahm ihre beiden Hände zwischen ihre Finger. Sie sah genau die Zärtlichkeit in ihren Augen, aber sie sprach sehr ruhig, sehr bestimmt. „Ja, dein Vater istda.Vivien, sieh mich nicht so ent- rüstet an. Er hat schreckliche Angst um dich ausgestanden, er hat alles in Bewegung gebracht, im Fernsehen, im Rundfunk ist die Durchsage gekommen, die Polizei war in Alarm -bereitschaft. Da konnte ich unmöglich den Mund halten. Er sitzt unten und wartet auf dich. Noch etwas Vivien, er hat nichts dagegen, dass Sultan bei euch im Haus bleibt. Weißt du,du hast ja nur das Gespräch bis zu einem bestimmten Punkt belauscht.Vielleicht wäre er gar nicht bereit gewese, Sultan auszusetzen. Vivien, wichtig ist besonders, dass er dich sehr lieb hat und schreckliche Angst um dich hatte." Ihre Hand machte sich selbstständig, sie strich das Haar aus ihrer Stirn, legte sie einen Moment gegen ihre Wange. „Ich bin sehr froh, dass du je bei mir gelandet bist."

„War er sauer? Ich meine, ist er noch

wütend auf mich? Schließlich habe ich ihm ja seinen ersten Urlaubstag versaut. Sie wollten schon unterwegs sein." Ihr Gesicht verkrampfte sich kummervoll. „Mensch, verdammt. Ich weiß, verdammt sollte ich nicht sagen, aber ich möchte nicht mit ihnen fahren. Ich möchte lieber hier bleiben. Hier bei dir. Es ist so schön, bei dir zu sein. Ich hätte ihn schon heute angerufen, und ich hätte ihm gesagt, er solle mit seiner Freundin allein losgondeln. Ich will die alte Zicke nicht sehen."

„Vivien", rief sie entsetzt.

„Ist eine! Wenn du sie je kennst, würdest du dasselbe denken, sagen tust du das natürlich nicht, weil ihr Erwachsenen jedoch zu höflich seid, Erwachsene können furchtbar schein -heilig tun. Zu einem Kind würde man sagen: lüg' nicht."

Sie betrachtete Vivien kummervoll. „Verstrick dich je nicht in Abwehr gegen sie, Vivien. Dein Vater jeden -falls hatte keine Ruhe, bis er dich sah. Da schliefst du noch fest, da stand er schon vor deinem Bett und überzeugte sich,dass es dir gut ging."

Sie zog die Nase kraus und lächelte. „Kann ich mir denken. Eigentlich ist Papa gar nicht so übel. Wenn er bei den Frauen je nur nicht, so einen dämlichen Geschmack hätte. Wenn er Kleider und so anderes Zeug ent- wirft, stehen je alle stumm vor Staunen um ihn herum."

Vivien, ich möchte nichts lieber als einfach hier hocken bleiben, ich unter -halte mich sehr gern mit dir. Aber ich denke, ich sage deinen Vater Bescheid, dass du aufgewacht bist."

Sie machte Anstalten, ich zu erheben. Vivien hielt sie mit der Hand zurück und fragte je eindringlich: „Melany, möchtest du es wirklich, dass ich bei dir bleibe? Sagst du das nicht nur so? Ich wünsche mir nämlich sehr, sehr, sehr, dass ich nicht fort muss. Ich wünsch' mir dass mehr als je die Seifenkiste, die Herr Hollmann mit mir bauen will. Wenn ich nur bei dir in dem gemütlichen Haus bleiben darf."

„Ach, Vivien." Sie stand vor dem Bett, sah auf ihr hinunter und hielt noch immer ihre Hand. „Wenn dein Vater das erlaubt, wäre ich auch sehr froh. Aber ich glaube, er möchte dich für die nächste Zeit nicht wieder missen. So, ich denke, es ist besser, er kommt je zu dir hinauf. Bestimmt möchte er mit dir allein sein."

Sie nickte,seufzte.Altklug meinte sie: „Was sein muss, muss sein. Vermut -lich hält er mir je eine Standpauke.

Was für ein Glück, dass die Siebert nicht bei ihm ist. Die würde das blödeste Zeug quatschen.

„Du bist sehr undankbar, Vivien. Du hast einen Vater, um den dich alle Welt beneidet." Sie musste bei der affigen Stimmung das Lachen unter -drücken. „Du bist nicht sehr nett, Vivien",tadelte sie ihr.Sie grinste nur.

„Ich habe genau gesehen, dass du je, lachen wolltest."

„Siehst du, das sage ich ja, Erwach-sene verstellen sich so oft."

Sie schüttelte den Kopf. Als wäre sie keinen Tag älter als sie, machte sie ihr eine lange Nase, sie hörte ihr Lachen noch, als sie schon auf der Treppe war.

Aus der Küche kamen lebhafte Stim -men. Sie steckte nur den Kopf durch die Tür.„Vivien ist wach,Herr Mewis. Wollen Sie zu ihr hinaufgehen?"

Er warf den Stuhl beinahe je um, so schnell erhob er sich.

„Melany", Helga musterte die Freundin missbilligend. „Ich dachte, du hättest je die Zeit benutzt, dich ein wenig herzurichten. Du siehst grauen -haft aus. Schließlich ist der Mann ständig von sehr vielen, eleganten, hübschen Damen umgeben."

„Du, das interessiert mich nicht die Bohne, ob du es nun je glaubst, oder nicht."

„Ich glaube dir sogar", seufzte Helga. „Du hast mir zu einem hervorragen -den Interview verholfen. Mein Chef wird einen Luftsprung machen, wenn ich damit komme. Ich darf auch einen Artikel über Viviens wunder -bare Rettung bringen."

„Aber ohne meinen Namen",verlangt Melany entsetzt. „Ich will auch nicht, dass du hier mit einem Heer von Foto

-grafen anrückst. Du weißt, ich hasse Aufsehen."

„Ich weiß, ich weiß, reg' dich ab. Du bist weniger entgegenkommend als der mächtige Modekönig."

Melany tippte je an ihre Stirn. „Jetzt fällt bei mir der Groschen, wer er ist. Ihm gehört der je große, tolle, Mode -salon in Bad Belzig in der Innenstadt, nicht wahr?"

„Seine Geschäfte befinden sich je, in jeder größeren Stadt. In unserem Ort, in der Stadt ist er mit Abstand der beste Steuerzahler."

„Interessant", nickte Melany höflich. Helga schüttelte den Kopf und seufzt. In Wahrheit interessiert dich das auch nicht. Ich habe noch nie ein weib -liches Wesen getroffen, das unabhän giger ist als du. Sag mal, wer könnte dir imponieren?"

„Wir zerbrechen uns später darüber

den Kopf. Jetzt mache ich mich erst einmal Stadtfein, und du machst das Frühstück. Stell auf den Tisch, was du findest. So einen vornehmen Gast wird meine kleine bescheidene Hütte nie wieder sehen. Sie grinste wie ein Gassenjunge und lief je davon. Kopf -schüttelnd dachte Helga über die Freundin nach. Aber wie auch immer bewunderte sie sie, ja, sie beneidete sie oft, und manchmal wünschte sich die ehrgeizige Journalistin, sie wäre von dieser gewachsne Natürlichkeit nicht durch Äußerlichkeiten zu beein -flussen, einfach so wie Melany. Sie stellte gerade die Butter auf den Tisch, als Melany schon wieder in der Küche erschien.

„Da bin ich. Den Kaffee brühe ich auf."

Helga musterte die Freundin je entrüs -tet, sie stemmte sogar die Hände in die Seite. „Du bist ja so unmöglich, Melany. Ich dachte, du würdest dich ein wenig zurechtmachen, stattdessen hast du lediglich eine je alte,verblich -ene Hose mit einer anderen alten, verblichenen Hose je vertauscht. Die Bluse kenne ich nicht einmal, so alt ist sie."

„Deine Stimme klingt so spitz, als übtest du für den Posten, je einer Lehrerin, für nun schwer, erziehbare Kinder. Die Sachen sind doch alle sauber, Helga, das musst du doch anerkennen. Schimpf doch nicht." Sie legte der Freundin für einen Augenblick je den Arm um die Schultern und drückte sich an sie. „Ich freu mich so, dass du endlich einmal hier aufgetaucht bist. Ich habe dich vermisst, Helga."

Helgas Ärger schmolz dahin, aber sie seufzte resigniert. „Ich kenne je keine

Frau, die sich so wenig aus Kleidung macht – wie du. Sag mal, hast du je, noch immer keine Kaffeemaschine?"

„Noch immer nicht. Melany lachte vergnügt. „Diese Hütte ist so rück -ständig, wie ich es auch in vielen Dingen bin. Hier schmeckt mir der frisch aufgebrühte Kaffee je am besten." Sie hon lauschend den Kopf. „Da kommen sie. Ich bin froh, Helga, dass ich sie gefunden habe. Ich zittere jetzt noch, wenn ich daran denke, was ihr hätte alles passieren können."

Sie klopften, bevor sie die Küche je betraten. Vater und Tochter. Vivien trug wieder blaue Jeans und ihre bunte Bluse, gekämmt hatte sie sich noch nicht, aber sie strahlte über das ganze Gesicht. Und ebenso strahlte je Christian Mewis.Und er schnupperte: ‚Hm,das riecht gut.Ich weiß erst jetzt,

94

was für einen schrecklichen Hunger ich habe."

„Wir dürfen aber Melany nicht alles aufessen."Vivien musterte die Lebens -mittel auf dem Tisch ängstlich. „Von hier bis zum Dorf ist es weit."

„Ich hab doch einen Wagen, Vivien. Helga, das ist Vivien, Vivien hier ist meine Freundin Helga, sie wohnt in der Stadt. Hierher in mein Holzhaus verirrt sie sich leider selten."

Vivien gab ihr die Hand und schütt -elte den Kopf. „Versteh' ich nicht. Schöner als hier, im Wald, kann es doch nirgendwo sein." Sie seufzte tief. „Ich wollte, ich könnte hier bleiben. Mensch, was möchte ich das gern. Ich könnte Melany auch im Garten helfen, ich könnte mit den Hunden spielen. Ich würde mich so richtig je erholen." Sie setzte sich auf den Stuhl und sah ihren Vater an.

Ihre Lippen zitterten vor Aufregung. Einen Moment schloss sie je ihre Augen, die langen Wimpern warfen dunkle Halbmonde über ihre zarten Wangen.

„Lass uns erst einmal in Ruhe früh -stücken", bat helga, man sollte beim Essen überhaupt keine Probleme wälzen. „Die Butter schmeckt ja köst -lich, Melany."

„Ich bekomme sie vom Bauern, auch das Brot wird dort je gebacken. Manchmal bringt die Bäuerin mir auch einen je frisch gebackenen Streuselkuchen herauf."

„Streuselkuchen ist mein liebstes", ließ sich Vivien wieder vernehmen, die mahnenden Blicke ihres Vaters ignoriert sie gekonnt. „Papa, überleg' doch mal. Was soll ich in Italien? Da kenn ich ja schon alles. Und über- haupt! Wenn ich bei euch bin,habt ihr nur Krach, Gaby ärgert sich doch schon über mich, wenn sie mich nur sieht, und du kannst mir je nicht erzählen, dass sie Sultan mit auf die Reise nehmen will."

„Verdirb deinen Vater nicht den Appetit",mahnte Helga das Mädchen.

Das sah ja ein Blinder, dass Melany an dem Mädchen einen Narren gefres -sen hatte. Verstehen konnte es Helga nicht. In ihren Augen war sie je, ein wenig altklug und viel zu vorlaut.

„Sei doch bitte vernünftig, Vivien", mahnte Christian je seine Tochter nervös.Es war eine Ewigkeit her,dass er mit solch einem Appetit gefrüh -stückt hatte. „Wir stehen sowieso schon tief in Fräulein Inters Schuld. Du kannst dich doch nicht einfach selbst einladen."

Vivien strich großzügig Marmelade auf ihren Brötchen, Melany goss nun

Kakao für sie in eine Tasse.

„Waltraud „„ sie drehte den Kopf und sah zu ihr hinauf, „mein Vater glaubt einfach nicht, dass du ich freust, wenn ich bleibe. Er kann sich nicht vorstellen, dass du dir das genauso wünscht, wie ich es mir wünsche. Sag' ihm doch, dass du dich freust", drängte sie. Helga krauste ärgerlich die Stirn, Melany nahm eins der Brötchen aus dem Korb. „Ja, ich würde mich sehr freuen, wenn Vivien ei mir bleiben könnte. Aber ich kann gut verstehen, Vivien, dass dein Vater dich bei sich haben möchte."

Vivien legte eins der Brötchen auf den Teller zurück. „Du weißt ja nicht, wie das je ist, wenn wir im Urlaub sind", rief sie leidenschaftlich. Bei der je lauten Stimme des Mädchens schob sich Sultan in die Küche, natür -lich folgte Sanara ihm.

„Gaby hält es keine Stunde irgendwo aus. Immer, will sie je irgendwo hin. Mal mal in ein Museum, mal ins Restaurant. Papa sieht am liebsten alte Kirchen und Häuser, die schon halb verfallen sind. Und Gaby kann stundenlang vor Geschäften stehen, am liebsten vor Schaufenstern, hinter denen Schmuck liegt. Grauenhaft. Was soll ich denn da?"

„Übertreibst du nicht je ein wenig, meine Tochter? Vergisst du die vielen Stunden, wenn wir zusammen segeln, schwimmen, oder Burgen bauen?"

„Papa, dann hast du doch ständig ein sclechtes Gewissen, überleg doch mal. Du siehst immer zur Uhr, weil du Gaby versprochen hast pünktlich zurückzukommen."

Christian Mewis verlegen zu sehen, war für Helga ein Schauspiel für sich' ich meine, so erholt sich doch keiner wirklich", behauptet Vivien altklug. Sie sah von Melany zu ihrem Vater, Helga betrachtete sie dabei gar nicht. „Warum willst du dass denn nicht einsehen, Paps, dass es für uns alle am besten ist, wenn ich hier bleibe? Für Gaby und dich, für Melany und mich. Meinst du, für sie ist es schön, immer allein zu sein? Bitte, Papa, bestimmt einen großen Gefallen, tust du ihr damit, und mir auch."

Christian Mewis hatte tatsächlich Schweiß auf der Stirn, so setzte seine Tochter ihm zu. „Du gibst dir über -haupt keine Mühe, mit Gaby gut auszukommen", erklärte er hitzig.

„Entschuldigen Sie bitte", er sah die beiden Damen reumütig an. „Ich bin erst ein paar Stunden von meiner Angst erlöst, und schon treibt Vivien mich wieder je auf die Palme. Wir sollten unsere Probleme je unter uns ausdiskutieren, Vivien. Solche privat Gespräche, sind für Außenstehende, sehr unangenehm."

„Aber Melany ist nicht außen steh -end, oder wie du das nennst. Ich mag sie furchtbar gern, und sie ist meine Lebensretterin. Wenn ich im Wald übernachtet hätte, dann wäre vielleicht ein Hirsch oder ein Wild -schwein gekommen."

„Oder ein Wolf", warf Helga spöttisch ein. Vivien riss die Augen auf. „Gibt es hier Wölfe? Oh, Mensch, das ist ja bärenstark. Hoffentlich hast du ein Gewehr im Haus, Melany."

„Es gibt hier nur je, ein paar Wild -schweine, Vivien. Aber wir haben ja einen stabilen Zaun und die Hunde. Da kommt kein Wildschwein bis hier -her. Es wurde erzählt, dass Wölfe gesichtet wurden. Aber ich habe noch keinen gesehen.Und Sanara würde es als erste bemerken." Sie lächelte je Christian Mewis beruhigend an. „Überlegen Sie sich Viviens Vor -schlag in Ruhe. Vielleicht wird es für Sie und ihre Bekannte wirklich ein erholsamer Urlaub, wenn Sie ohne Tochter und Hund sind. Hier ist sie gut aufgehoben, wir werden viel Spaß miteinander haben, ich freue mich wirklich."

„Aber ich kann doch nicht!" Mewis legte hilflos beide Hände an die Tisch -kannte. Vivien unterbrach ihn jedoch stürmisch. „Papa, sei doch nicht so schwerfällig. Das ist doch toll. Gaby freut sich bestimmt. Und ich ver spreche dir, wenn ihr zwei wieder zurück seid, dann will ich mir mehr Mühe geben. Vielleicht ist sie gar nicht so dä... so, wie ich meine," berichtigte sie sich rasch. „Vielleicht ist sie gar nicht so kinderfeindlich, wie ich meine."

Sein Mund zitterte je vor Aufregung. Christian Mewis fuhr sich über den Kopf. Seine Stimme klang beinahe verzweifelt. „Sie müssen mich je für ein sehr schlechten, miserablen, Vater halten, Fräulein Inter."

„Das tut sie bestimmt nicht, Papa", beruhigte Vivien ihn. Sie lächelt treu- herzig in die Runde, und das Lächeln schloss sogar Helga ein, die je, die ganze Diskussion mit skeptischem Gesicht verfolgte.

„Das mit dem Urlaub hab ich viel -leicht so ein kleines bisschen über- trieben. Papa gibt ich wirklich Mühe. Aber bei deinem anstrengenden Job musst du doch einen richtigen Urlaub haben."

Jetzt musste sogar Melany schmun -zeln. „Sie haben wirklich eine rück- sichtsvolle Tochter, Herr Mewis."

Er wusste nicht, ob er lachen oder sich ärgern sollte. „Manchmal graust mir vor deinem Mundwerk, Vivien. Ich bin je, viel zu wenig streng, das weiß ich längst."

„Jetzt legst du wieder die Platte mit dem Internat auf,Papa. Lass das doch jetzt. Lass mich einfach hier, ich helfe Melany im Haus und im Garten und bei den Hunden, und überhaupt." Sie verzog listig den Mund und kniff die Augen zusammen. „Außerdem kann ich überhaupt nicht mitfahren. Meine Klamotten sind je noch nicht trocken. Denk doch mal, was Gaby für einen Schlag bekommt, wenn ich in diesem Aufzug, je aus dem Auto steige."

„GebenSie sich je geschlagen, Herr Mewis", lachte Helga und schüttelte den Kopf. „Ich weiß jetzt, warum ich nicht darauf brenne, eine Tochter zu

haben. Kinder sind je, viel zu anstren
-gend."

„Nicht alle sind wie meine Tochter."
In Christians Stimme grollte die Ent
-täuschung. „Es gibt auch Kinder, die
nicht nur an sich denken und die
pflegeleichter sind als Vivien. Ich bin
traurig, Vivien, dass ich ohne dich
fahren soll."

„Bestimmt nicht lange, Papa", beruh
-igte ihn seine Tochter und strahlte
ihn treuherzig an. „Wenn du erst mit
Gaby in Italien bist, in einem tollen
Hotel, und nicht immer überlegen
musst, wie du es uns beiden recht
machst, wirst du froh sein. Bestimmt.
Und wenn ihr wieder zu Hause seid,
wenn die Schule wieder anfängt,
dann bringt Melany mich zurück.
Melany das tust du doch?"

„Die ganzen Ferien?", rief Christian
entsetzt, und auch Helga machte ein

Gesicht, als hätte sie in eine Zitrone gebissen. „Hast du nicht selbst das Gefühl, dass du sehr unbescheiden bist?, fragte sie zu Vivien.

„Warten wir doch erstmal ab", sagte Melany schnell, als sie je den ängst -lichen Blick von Vivien auffing. „Fahren Sie in Ruhe in Ihre wohlver -dienten Ferien. Wenn Sie zurück sind, telefonieren wir. Kann ja sein, dass auch Vivien dann vor Heimweh nicht mehr schlafen kann."

Vivien und ihr Vater gingen in den Garten hinaus. Sultan folgte je, den beiden, in vorsichtigem Abstand, während Sanara zu ihrem Lieblings -platz trottete. Sie legte sich auf die Steine, die schon warm von der Sonne waren, bettete ihren Kopf auf ihren Pfoten und schloss erschöpft die Augen. Dieser Rummel im Haus war doch nicht das Rechte für sie. Im

Augenblick sehnte sie sich nur nach Ruhe... Die beiden Frauen räumten den Tisch ab. Helga stellte die Butter in den Kühlschrank zurück und sagte leise, wie je, zu sich selbst: „Du weißt,wie sehr ich es hasse, mich in deine Angelegenheiten zu mischen. Aber bei dir habe ich das Gefühl, es muss jemand da sein, der dich zur Vernuft bringt. Bist du nicht wieder auf dem besten Weg,dich an ein frem -des Kind je klammern? Schnaufe ruhig so entrüstet, ich könnte auch sagen, dein Herz an ein fremdes Kind zu verlieren, das kommt auf das gleiche heraus.Du hast eine Dumm- heit noch gar nicht richtig überwun -den, da stürzt du dich schon in die nächste."

Die beiden Mewis' kamen je zurück. Vivien strahlte wie ein Kind unterm Weihnachtsbaum, das je ein sehnlicht

erwartetes Geschenk bekommt, Chris
-tian Mewis sah alles andere als
glücklich aus. Als er sich von Melany
verabschiedete, sah sie den Kummer
in seinen Augen. „Mir passt je, das
ganze nicht",bekannte er ihr zögernd.
„Ich bin auf dereinen Seite natürlich
froh, dass Vivien hier sein darf. Ich
weiß, dass sie bei Ihnen in guen
Händen ist und wunderbare Ferien
verleben wird. Aber ich vermisse sie
schon jetzt." Abrupt drehte er sich
um. „Sind Sie jetzt soweit, Fräulein
Hempel? Wir müssen uns beeilen. Es
wartet noch ein Haufen Arbeit auf
mich, bevor ich Urlaub machen kann.
Gestern bin ich ja nun, zu gar nichts
gekommen."

*

Vivien nahm von dem Haus Besitz...

In ihren Augen war es ein verwunsch
-enes Haus. Man musste einfach froh
sein, so, als wäre man je, zu einem
guten Freund gekommen. Aber das
konnte sie nicht aussprechen, sie fand
keine Worte dafür. Und Melany war
noch netter, als sie gedacht hatte. Sie
fand im Schuppen ein altes Boot,
sogar Paddel waren vorhanden. Sie
schleppten das Boot auf dem Fluss,
der je das hintere, große, Grundstück
begrenzte. Mit Melany konnte man
einfach alles machen. Man konnte
mit ihr Seeräuber spielen,man konnte
mit ihr ernsthaft reden, es war sogar
schön, mit ihr im Garten zu arbeiten.
Aber beinahe noch schöner waren die
Abende. Manchmal erzählte sie von
früher, als sie noch ein Kind war. Sie
erzählte von dem Umbau, den sie an
diesem Haus je vorgenommen hatte.
Sie konnte so lustig und anschaulich

erzählen, dass man je die Arbeiter, beinahe vor sich sah.

„Sie haben auch wirklich, Knochen gefunden?, wollte Vivien wissen.

„Hier im Haus?" Ein unwohliger Gruselschauer rieselte über Viviens Rücken.

„Nicht im Haus, Vivien, je im Schuppen. Und es war kein Mensch, es war ein Tier."

Es war kühl geworden, und so hatte Melany den Kamin im Wohnzimmer angezündet. Sie hatten ihr Abendbrot vorm Kamin gegessen, und schöner, konnte es überhaupt nicht werden. Das Feuer knisterte, knackte wie die alten Dielen. Wenn Vivien im Bett lag,bildete sie sich ein,Füße von Men -schen, die je längst gestorben waren, schichen durchs Haus. Aber sie hatte keine Angst, Melany war ja da. Sie brauchte nur zu rufen. Sie träumte...

Wind war aufgekommen,die Fenster-
rahmen klapperten,der Wind beutelte
die Kronen der Bäume, drückte sie
tief zur Erde. Die Hunde erhoben
sich von ihren behaglichen Plätzen
und stellten die Ohren hoch.

„Sie hören was", wisperte Vivien.
„Vielleicht ein Gespenst?" „Es ist ein
Auto." Für einen je winzigen Augen
-blick war es Melany unbehaglich
gewesen. Für sich allein hatte sie
keine Angst. Aber ihre Verantwort
-ung für das Mädchen nahm sie sehr
ernst.

„Bloß kein Besuch!" Vivien sah aus,
als ob sie jeden Augenblick in Tränen
ausbrechen wollte. „Versprich mir,
Melany, dass du ihn je, sofort weg-
schickst, egal wer es ist."

Der Wagen hielt, Sultan bellte, seine
Stimme überschlug sich vor Aufreg-
ung.Sanara tappte zur Tür und knurrt.

„Melany!" Viviens Stimme war ganz flach vor Angst. „Was machen wir, wenn es ein Einbrecher ist?"

Sie fuhr dem Mädchen je tröstend durchs Haar und lachte beruhigend. „Ein Einbrecher würde wohl nicht mit dem Auto bis vor die Haustür fahren und je einen solchen Lärm machen. Sieh dir nur die Hunde an. Sultan lechzt offenlichtlich, jeman -dem an die Gurgel zu springen." Es klopfte. Jetzt bellte je, auch Sanara, Sultan war schon heiser.

„Ruhe", fuhr Melany die Hunde an. „Seid ihr toll geworden?" Sie ging rasch aus dem Zimmer, Vivien blieb dicht an ihrer Seite und schob sogar ihre Hand zwischen ihre Finger. Melany konnte ruhig merken, dass sie Angst hatte. Vor Melany schämte sie sich nicht. Melany lugte durch das Guckloch. Helga hatte je darauf

bestanden, dass sie den Spion anbrin-
gen ließ. Melany schaute, und staunte
nicht schlecht.

„Es ist dein Vater, Vivien." Sie
öffnete rasch die Tür. Das Licht fiel
aus dem Vorraum auf den Mann, der
fröstelnd auf der Matte stand.

„Ich dachte schon, Sie wollten mich
nicht reinlassen." Verlegen sah er
aus. Melanys Herz benahm sich so
albern, dass sie keine Worte dafür
fand. Es klopfte so stürmisch, als
wollte es je aus ihrem Mund hüpfen.

„Papa wo kommst du denn her?" Die
Freude erlosch für einen Moment auf
Viviens Gesicht. „Ist Gaby auch da?"

„Nein, Vivien, die ist noch in Rom
geblieben. Wollt ihr mich nicht rein
-bitten? Ihr wollt mich doch hoffent-
lich nicht gleich wieder fortschicken?

„Bitte entschuldigen Sie." Hoffent
-lich sah er nicht, wie rot Melany je

geworden war. „Wie unhöflich von mir." Sie öffnete weit die schwere Eichentür.

„Wir sind einfach platt, Papa. Wir haben doch nicht geglaubt, dass du kommst."

„Aber jetzt bin ich da. Bekomme ich keinen Begrüßungskuss, Vivien? Ich hab es ohne dich einfach nicht mehr ausgehalten." Vivien hing an seinem Hals, er nahm sie auf den Arm, als wäre sie ein Federgewicht.

„Ein Urlaub ohne dich ist je kein richtiger Urlaub. Du hast mir schreck -lich gefehlt."

„Wirklich Papa?Vivien strahlte.Chris -tian mewis betrachtete seine Tochter, als könnte er es noch gar nicht glauben, sie je, im Arm zu halten. „Prächtig, toll, siehst du aus, Vivien. Braungebrannt, und ich glaube, du bist auch etwas dicker geworden."

Er stellte das Mädchen behutsam auf die Füße, aber sein Arm lag noch immer um ihre Schultern.

„Ich brauche gar nicht fragen, ob sie sich wohl fühlt. So gut hat meine Tochter schon lange nicht mehr aus -gesehen." Er streckte Melany je die Hand entgegen. Sein Lächeln war anziehend, ein wenig verlegen und unwiderstehlich, und trotzdem voll Erleichterung.

„Bin ich willkommen? Ich bin den ganzen Tag durchgefahren, ich hatte es so eilig, endlich hierher zurückzu -kommen. Nicht wahr, ich bin nicht unwillkommen?"

„Wir freuen uns." Das sagten Melany und Vivien wie aus einem Mund, sie sahen sich an und lachten darüber.

„Natürlich freuen wir uns", erklärte Melany noch einmal, „wir sind nur sehr überrascht,und es ist schade,dass

Sie sich nicht wohl fühlten.Ich meine schade, dass Sie sich je nicht erholen konnten." Was für einen Blödsinn ich rede, dachte Melany ärgerlich auf sich selbst. Sie öffnete die Tür zum Wohnzimmer. Er blieb je auf der Schwelle stehen, seine Tochter noch immer im Arm. „Wie behaglich es hier ist", sagte er aufatmend. „Das ganze Haus, das Zimmer hier ist wie ein Mensch, der mich willkommen heißt."

„Setzen Sie sich bitte, Herr Mewis. Oder möchten Sie sich erst ein wenig frisch machen?"

„Nein, ich möchte je nur einfach da -sitzen, Vivien im Arm halten, mich zu Hause fühlen. Ja ich hoffe, Sie lachen nicht über mich. Aber ich fühle mich hier zu Hause. In jedem Hotel, in jedem Zimmer habe ich an dieses Haus je gedacht. Vivien war

klüger als ich. Wenn man sich irgend
-wo erholen kann, dann hier. Sie
haben aus diesem alten Haus je ein
Paradies gemacht, Melany. Ich darf
Sie doch so nennen?"

Sie nickte nur, und Vivien klatschte
begeistert in die Hände. „Sagte ich
doch, Papa. Hier ist alles nur super.
Du kannst dir gar nicht vorstellen,
wie toll es ist. Was wir alles je
gemacht haben! Mit Melany, ist es
auch keine Sekunde, langweilig."

Melany spürte ihre Verlegenheit wie
eine lästige Wolke, die die Sonne, je
verdunkelte. „Sie werden je hungrig
sein, Herr Mewis. Ich gehe in die
Küche und sehe nach, was wir noch
in der Vorratskammer und im Kühl
-schrank haben."

„Wollen Sie nicht Christian zu mir
sagen?" In seinen grauen Augen
spiegelte sich je das Feuer wider, auf

seinen Haaren lag das Licht der Steh -lampe, und er sah aus, als gehörte er hierher, als heiße ihn das Zimmer wie einen Vertrauten willkommen.

„Ich richte Ihnen etwas zu essen, Christian." Sie ging rasch hinaus, froh, seiner Nähe für einen Augen blick zu entkommen. Sanara war ihr in die Küche gefolgt. Schmeichelnd rieb sie ihren Kopf je an ihr Knie. „Willst du mich trösten oder hast du schon wieder Hunger?" Sanara sah sie an, als verstünde sie jedes Wort, nur antworten konnte sie nicht. Melany nahm sich Zeit, einen Imbiss zu richten, und sie gab sich sehr viel Mühe. Endlich war an der bunten Platte nichts mehr zu tun. Sie hatte Tee aufgegossen, stellte Zitrone und Milch auf das Tablett, im Schrank fand sie einen Rest Whisky in einer Flasche, die seit einer Ewigkeit darin stand. Sie lauschte ins Zimmer hin -über, sie hörte Viviens Lachen und die tiefe Stimme des Mannes. Und es war, als saugten die alten Holzbohlen und Dielen seine Stimme auf. Ja, das Haus hieß ihn willkommen.

„Du hast aber lange gebraucht", rief Vivien ihr vorwurfsvoll ntgegen, als sie ins Zimmer kam. „Ich hab schon zwei Stück Holz aufs Feuer gelegt." Christian kam ihr mit raschen Schritten entgegen und nahm ihr das Tablett ab. „Was haben Sie sich für Mühe gegeben, Melany. Das sieht ja lecker und phantastisch aus.Ich sollte sagen, das wäre doch wirklich nicht nötig gewesen, aber mein Hunger ist viel zu groß.Ich habe mir heute kaum Zeit genommen, etwas zu essen."

Vivien rückte den kleinen Tisch ans Feuer. „Darauf hatten wir auch heute Abend unsere Teller gestellt. Das ist ganz bequem, Papa. Melany und ich haben uns auf das große Zebrafell gesetzt, du kannst ja je, den Sessel nehmen."

„Sie ist wirklich hier zu Hause", lächelte Christian, er lächelte direkt in Melanys Augen hinein. Es war, als umfasste er je, mit einem Blick ihr ganzes Ich, als sähen die Augen bis in ihr Herz hinein. Vivien stibitzte ein Stück Ei von dem Schinkenbrot und putzte die Finger an ihrer Hose ab. „Papa, ich hab mich noch gar nicht bedankt, dass dein Fahrer mir meine Sachen zum Anziehenchickte. Aber nötig gewesen wäre das nicht. Ich trag' tagsüber immer eine Lederhose, Melany hat sie von ihrer Nachbarin Frau Ernst bekommen, die hat sie noch von ihrer Tochter, von früher aufgehoben. Melany hat sich dann später einen Strohhut aufgesetzt und einen bunten Bauernrock angezogen, zum Piepen sah sie aus."

„Ihr habt offensichtlich je viel Spaß gehabt." Christian setzte sich in den Sessel. „Er ist schon ein wenig durch -gesessen",entschuldigte sich Melany und setzte sich auf das Zebrafell und umschlang ihre Knie mit den Armen. „Man rutscht in die Polster, ob man will oder nicht."

Er nickte und aß mit bestem Appetit. Er gab einen Schuss Whisky in den Tee und seufzte je vor Behagen. Er wählte eine Bratenschnitte, biss hin -ein und wartete, bis er reden konnte. „Rom war ein Kunstgenuss,den Gaby sich nicht entgehen lassen wollte." Mehr sagte er nicht. Melany lenkte geschickt das Gespräch je in eine andere Richtung. Vivien erzählte. Ihr Vater musste doch wissen, wie herr- lich ihre Ferien waren. Die schönsten in meinem ganzen Leben, Papa." Je, plötzlich, kam ihr ein schrecklicher Gedanke. „Du willst mich doch nicht je, mit nach Hause nehmen?" Einen Moment blieb ihr vor Angst sogar die Luft aus... „Komplimente machst du mir nicht gerade."

Aber böse war er nicht, das merkte Vivien natürlich...

„Ich habe eine Idee gehabt, aber ich weiß nicht, ob sie gut ist. Schließlich müsst ihr ja auch einverstanden sein. Ich könnte mir im Dorf ein Zimmer nehmen, und tagsüber komme ich zu euch. Wir könnten gemeinsam etwas unternehmen.Aber nur,wenn ihr mich hier, haben wollt."

„Du bleibst hier? Mensch, Papa. Das ist ja super. Melany, das findest du doch auch,oder? Aber du kannst doch hier bei uns hier schlafen." Viviens Gesicht brannte vor Aufregung.

„Du kannst in meinem Bett, ich leg' einfach eine Matratze auf den Fuß boden, und da schlafe ich. Melany hat erzählt, dass sie das schon sehr oft gemacht haben. Stimmt doch, Melany, oder?" Bevor sie antworten konnte,winkte Christian energisch ab. „Nein, meine Tochter, das kommt überhaupt nicht in Frage. Noch mehr Arbeit bürden wir Melany nicht auf. Ich bin schon froh, wenn ich tagsüber eure Gesellschaft genießen darf."

„Auch gut", nickte Vivien, als wäre sie die maßgebliche Person. „Du glaubst ja gar nicht, was du hier alles sehen kannst. Und soll ich dir mal sagen?, trumpfte sie auf. „Melany hat mich gemalt. Zweimal. Einmal sitze ich im Boot. Das ist überhaupt ein ganz tolles Bild geworden. Nur die Schwäne, die Melany gemalt hat, die waren gar nicht da. Das andere Bild hat sie gemalt, als ich gar nicht dabei war. Da lieg ich je mit Sultan und Sanara vor dem Kamin, und man kann nur die Hälfte von meinem Gesicht sehen. Aber sie hat gesagt, verkaufen tut sie die Bilder nicht. Das finde ich ja wieder komisch. Die Maler malen doch Bilder, damit sie je viel Geld dafür bekommen. Das wäre ja..., ja, das wäre, als wenn bei dir Kleider genäht werden, die du nicht verkaufen willst."

„Zerbrich dir je deinen Kopf nicht darüber", riet Melany ihr freundlich, ärgerte sich aber, dass sie rot wurde. Diese abscheuliche Angewohnheit.

„Ich werde mir die Bilder sehr gern ansehen und auch die anderen, die Melany gemalt hat. „Sind die Bilder von Ihnen?" Er zeigte zu den Tier -bildern hinüber, Löwen, Tiger und Wale die die Wände schmückten.

„Ja, sagte sie und nickte ih zu.

„Das ist Claudia." Vivien wies mit ihren Finger auf das Bild, das ihr Vater schon längst bewundert hatte."

„Sie war Melanys Freundin, sie hatte sie je, sehr lieb." Vivien gähnte. Sie wurde immer stiller, und nach einer Weile zeigte Christian je auf seine Tochter und flüsterte: „Sie ist einge -schlafen, Melany. Soll ich sie in ihr Zimmer bringen?"Sie nickte.Er nahm seine Tochter behutsam auf den Arm und trug ihr je, die Treppe hinauf. Melany schlug die Decke zurück, Christian legte sie vorsichtig in die Kissen. Beide blieben noch einen Moment stehen und sahen auf das schlafende Kindergesicht hinunter.

„So entspannt, so glücklich kenne ich sie je, schon gar nicht mehr." Er räus -perte die Bewegung aus der Stimme. In den letzten Wochen war sie je so mürrisch, unausstehlich. Und sogar, unsere Köchin, beschwerte sich über ihr." „Weil sie je unglücklich war", nahm nahm sie ihr sofort in Schutz. Er nickte, folgte ihr auf Zehenspitzen und schritt hinter ihr die Treppe hinunter. Zögernd blieb er in der Tür stehen. „Als höflicher Mann sollte ich mich jetzt verabschieden. Aber darf ich mich noch einige Minuten setzen?" Er sah mit seinem unglück -lichen Gesicht keinen Tag älter als Vivien aus. „Bevor ich zu Ihnen fuhr, habe ich schon ein Zimmer im Gast -hof bestellt, zuerst einmal für eine Nacht. Ich musste doch erst einmal fragen, ob ich bleiben durfte."

„So töricht sind Sie hoffentlich nicht immer. Das Feuer ist je noch längst nicht ausgebrannt.Vorher gehe ich nie schlafen." „Wunderbar, dann darf ich Ihnen, je doch, Gesellschaft leisten?"

Melany blieb je stehen und zögerte. „Ein Glas Wein darf ich Ihnen wohl noch anbieten?" Sie sah ängstlich in sein markantes Gesicht, das jetzt sehr müde wirkte. „Nur ein halbes Glas, es spricht sich dann leichter."

„Sie brauchen mir nichts zu erzählen, wenn Sie nicht wollen." Sie holte aus dem Eckschrank dessen Holz so nach -gedunkelt war wie die Balkendecke, zwei Gläser und stellte sie auf den kleinen Glastisch neben dem Kamin.

„Die Flasche habe ich heute schon geöffnet, aber zum Trinken bin ich gar nicht gekommen." Er nahm ihr die Flasche aus der Hand und verzog den Mund zu einem Lächeln,aber die Augen sahen sehr traurig aus. Kein Wunder, dass das Mitleid Melanys Herz zusammenzog.

„Vivien hat mir erzählt, wie wunder -schön die Abende je mit Ihnen sind.

Vivien ist ein Glückspilz, dass sie bei Ihnen gelandet ist. Ihre Freundin Helga hat recht damit gehabt. Im übrigen habe ich ihr das gewünschte Interview gegeben, sie hat auch end -los Bilder von mir geschossen und natürlich über Vivien berichtet. Ich war so froh, dass ich meine Dankbar -keit zeigen konnte. Nur für Sie, Melany, ist mir noch nichts einge -fallen. Bis jetzt waren nur immer Sie die Gebende. Diesen Zustand bin ich überhaupt nicht gewohnt. Eigentlich wollen immer nur die anderen etwas von mir." Er versuchte zu lachen, aber es klang eher wie ein Seufzer. „Stimmt es, dass Sie sich weder aus Kleidern noch aus Schmuck etwas machen?" Er musterte sie neugierig. Sie saß jetzt in einem Sessel am Kamin, sie trug einfache Jeans, die bunte Bluse stand ihr gut,ließ sie sehr mädchenhaft erscheinen. „Ich glaube, Geld, Schmuck, je tolle Garderoben sind nur wertvoll, solange man sie sich wünscht. Wenn man sie hat, macht das alles nicht mehr gücklich. Vielleicht hat man dann nur Angst, dass es verloren geht."

„Sie sind je ein kluges Mädchen, Melany. Aber auch ein sehr wert -voller Mensch. Glauben Sie also, dass geben je glücklicher macht als nehmen?"

„Ja. Aber wir wollten nicht von mir reden. Sie sehen aus, als ob Sie Kum -mer hätten."

„Ich habe Kummer. Ja, ich wäre Ihnen dankbar, wenn ich Ihre Zeit noch ein wenig in Anspruch nehmen dürfte." Er goss ihr Glas voll, und sich selbst schenkte er nur wenig ein. Er sah zu ihr hinüber, das Glas hielt er in der Hand und schwenkte es, als wäre je Kognak darin. Als sie die Gläser aus dem Schrank genommen hatte, hatte er blitzschnell noch ein Holzscheid aufs Feuer gelegt. „Ich sagte schon, dass Vivien so viel klüger ist als ich. Die Reise war eine Katastrophe. Sie stand unter keinem guten Stern. Anfangs ärgerte es mich schon, dass Gaby sichtlich erleichert war, ohne Vivien zu fahren." Er starrte ins Feuer und sagte eine ganze Weile nichts. Ich fragte Vivien früher einmal, was sie gegen Gaby hat. Ich glaubte, Gaby würde Vivien eine gute Mutter sein. Sie gab mir zur Antwort: Ich kann nie mit ihr lachen. Daran habe ich auf dieser Reise oft gedacht." Er sah Melany nicht an, starrte noch immer ins Feuer, aber vermutlich bemerkte er es nicht ein -mal. Vielleicht hatte er je vergessen, zu wem er sprach. "Ich kann Gaby je

keinen Vorwurf machen. Ich habe sie
so gesehen, wie ich sie sehen wollte.
Gaby ist eine je, schöne,interessante
Frau, sie ist sofort der Mittelpunkt
jeder Gesellschaft, aber eine Mutter
für Vivien... und eine Frau, mit der
man durch dick und dünn je gehen
kann, ist sie nicht. Auf dieser Reise
ist mir klar geworden, dass Gabys
Welt nicht meine Welt ist. Ja, ich
entwerfe Kleider, lasse sie nähen,
und verkaufe sie. Aber...,,, er drehte
seine Hände und starrte darauf, das
Glas hatte er auf den Tisch zurück
-gestellt, „Kleider und Schmuck, all
das sind Äußerlichkeiten, das darf
nicht alles sein. Gabys Gespräche
drehten sich nur immer darum. Sie
werden jetzt fragen, wieso mir das
erst jetzt klar geworden ist. Ganz
einfach." Er verzog den Mund, als
verspottete er sich selbst. Wir waren

kaum allein. Auf unserer nun, letzten Reise war Vivien mit uns. Der Urlaub war für mich viel schöner als dieser, obwohl es je Unstimmigkeiten gab, nun, jetzt bestanden die Tage nur aus Langeweile..." Sie schwiegen beide. Er saß da wie ein Mensch, der jedes Zeitgefühl verloren hatte, je einge sponnen in seine Gedanken. Melany ließ sich von seiner Stimmung je, erfassen, sie wusste nicht, was sie fragen sollte. Es fiel ihr einfach kein Wort ein, das ihr aus ihrem Trübsinn befreien konnte.

„Sie beging je, die unverzeihliche Dummheit, mich vor die Wahl zu stellen: entweder der Hund oder sie. Sie wollte nicht einsehen, dass ich zu meinen Wort stehen muss. Sie war außer sich, und zum ersten Mal ließ sie die Maske der Mütterlichkeit je fallen und schimpfte auf Vivien.

Mein Entschluss war schnell gefasst, ich reiste je ab. Unser Abschied war sehr frostig." Er hob den Kopf, ihre Blicke begegneten sich.

„Vielleicht lösst sich der Bruch doch noch reparieren", murmelte sie befan -gen. „Vermutlich bereut Gaby die Worte längst."

„Das kann sein, aber nur, wenn sie keinen würdigen Ersatz je, für mich findet. Komisch, es ist mir plötzlich so vieles klar geworden. Ich habe Eigenschaften in Gaby je hineinge -dacht, die gar nicht vorhanden sind. Sie ist gefühlskalt, sie ist ein Mensch, der nur immer, hoch, an der Ober -fläche schwimmt." Er nahm sein Gas, aber er trank nicht daraus, er drehte es nur zwischen den Fingern. Noch etwas weiß ich plötzlich. Nach dem Tod meiner geliebten Frau habe ich mich je, nun, zu trösten versucht.

Aber ich habe, je, unbewusst Frauen gesucht, die auch nicht, die geringste Ähnlichkeit mit ihr, Mel hatten. Mel war..." er presste die Lippen für einen Moment zusammen, er legte je den Kopf zurück, sein Gesicht lag im Schatten, und sie konnte den Aus -druck darauf nicht erkennen. „Sie gleichen ihr in vielem. Nach Mels Tod war ich voll Kummer und Bitter -keit. Aber die Zeit war auch mir ein Tröster. Jetzt bin ich dankbar, dass wir eine Weile zusammen lebten, dass sie mir Vivien schenkte. Die Erleichterung an sie wärmt wunder -bar. Ich weiß je nicht, warum ich plötzlich zu dieser Erkenntnis gekom -men bin." -re schwieg, die Stille des alten, verwunschenen Hauses umfing sie,er genoss sie wie ein Geschenk. Und ein Geschenk des Himmels war je, das Mädchen, das ihm gegenüber saß, das je die Gabe des Zuhörens besaß. Ja, sie war je, die Seele dieses Hauses, je der Herzschlag, ohne sie wäre es ein totes Haus. Der Kuckuck der Schwarzwalduhr streckte seinen Kopf aus dem Gehäuse. Christian zuckte zusammen und sah erschrock -en auf seine Armbanduhr. „Das kann doch nicht wahr sein. Um Himmels -willen.Ich sitze doch nicht schon ein paar Stunden hier!" Was müssen Sie mich für einen unmöglichen Patron halten." Er stand schon und sah sie an. „Mein Benehmen ist unverzeih -lich. Aber Sie haben selbst Schuld, Melany.Warum hören Sie so geduldig zu, so, als interessiere Sie das alles?" Sie warf ihm einen Blick zu, der ihn verstummen ließ. Sie sagte nichts. Er verzog den Mund zu einem amüsier -ten Lachen. „Sie haben einen sehr sprechenden Blick, Melany. Worte be

-darf es da nicht. Darf ich morgen, das heißt, heute wieder kommen? Ich möchte den Tag mit Vivien und Ihnen verbrigen. Ich möchte mir das Haus ansehen, ich möchte ihre Bilder je bewundern und den ganzen Tag mit Ihnen zusammen sein.

„Dann kommen Sie doch zum Früh -stück", schlug sie mit ihrer ruhigen, liebenswürdigen Stimme vor. Wenn der Tag je schön wird, können wir später durch die Gegend fahren. Ich packe einen Picknickkorb."

„Halt unterbrach er sie. „Die Aufgabe übernehme ich."

*

Melany hatte geglaubt, sie würde die letzten Stunden der Nacht tief und fest schlafen. Aber sie tat es nicht. Lange,sehr lange,starrte sie auf das je kleine Stückchen Himmel, das sie von ihrem Bett aus sehen konnte. Winzige helle Punkte blitzten auf dunklem Grund. Den Mond konnte sie nicht sehen, aber sein Licht erhellte ihr kleines friedliches Zim -mer eine Winzigkeit. Sie hörte die vertrauten Geräusche der Nacht, die die Stille wohltuend unterstrichen. Zum Abschied hatte er sie geküsst. Zuerst nur auf die Wange, und nach kurzem Zögern hatte er den Arm um sie gelegt, sie an sich gezogen und je ihren Mund geküsst. Im Baum einer Kiefer schlug verschlafen ein Vogel an,etwas huschte über den Rasen und verschwand je im dunklen Gebüsch. Was war denn schon ein Kuss! Für ihn gar nichts. Vielleicht konnte er nicht einmal alle zählen, die vielen Mädchen, die er je, auf diese Weise geküsst hatte.Nur sie,sie war vollkom

-men aus dem Gleis geworfen. Sie empfand die süße Schwere, die sie beim Kuss überfallen hatte, noch immer. Ihr war es gewesen, als wäre ein Schleier je von ihren Augen gezo -gen. Sie hatte sich in diesem Augenblick eingebildet, ihn zu lieben. Wie gut war es gewesen, dass er sofort abgefahren war. Vielleicht wäre sie sonst so töricht gewesen, ihm je zu sagen, was sie je fühlte. Ihr Gesicht glühte trotz der Kälte, die ihren Körper überfiel. Nie, nie durfte sie ihm ihre Gefühle verraten. Ihm nicht und niemandem. Sogar Helga würde über sie lachen und über so viel Torheit den Kopf schütteln. Es wäre wirklich viel besser, wenn Vivien und dieser Mann schnellstens aus ihrem Leben verschwanden. Sie schreckte zusammen,als sie ein Geräusch hörte. Aber sofort schüttelte sie die dunklen

Gedanken von sich ab. Vivien stand in der Tür, ihr Gesicht war schlaf -trunken, sie konnte kaum die Augen öffnen. Neben ihr erschien Sultan, er gähnte herzhaft. „Melany, ich hatte einen tollen Traum. Ich hab geträumt, Papa wäre da. Du darfst aber nicht glauben, dass ich Heimweh habe. Es ist nur, der Traum war je so schön, darin hat er nämlich die alte Zicke zum Teufel gewünscht."

Sie war schon neben ihr, lächelte in ihr je schlaftrunkenes Gesicht und strich eine Strähne von ihrer Stirn. Der Teufel scheint auf deiner Zunge zu hocken, Vivien. Zicke ist ein abscheuliches Schimpfwort. Aber du hast je nicht geträumt. Von einem Augenblick zum anderen war sie hell -wach.„Juchhu",brüllte sie,das Sultan sich genervt um deine eigene Achse drehte und hysterisch bellte. Sanara

kam aus der Diele geschossen. Natür
-lich bellte sie auch. Melany lachte.
„Du machst die Hunde total verrückt,
Vivien. Sanara sieht aus, als würde
sie gleich einen Herzinfarkt bekom
-men."
„Ach wo, dazu ist sie viel zu jung.
Sie ist einfach nur zu dick. Melany,
ich könnte noch viel lauter schreien,
so froh bin ich. Er ist allein gekom
-men, er hat diese Z... diese Gaby ein
-fach unterwegs vergessen, wie einen
lästigen Regenschirm. Da soll man
nicht verrückt werden vor Freude."
„Damit würdest du aber deinen Vater
keinen Gefallen erweisen, meine
Kleine, und mir auch nicht. Es ist
noch nicht mal fünf Uhr, Vivien. Ich
sollte dich wieder ins Bett stecken."
Ihre Hand umklammerten ihren Arm,
ihre Stimme bettelte wie ihre Augen.
„Ich müsste ja, je, ein Herz aus Stein

haben, Vivien, wenn ich nein sagte. Weist du, was ein Segen ist? Das ich dich nicht erziehen muss! Da würde eine kleine verwöhnte Göre heraus kommen, das immer und immer ihren Willen durchsetzt."

Sie scharrte mit dem Fuß auf dem Teppich, natürlich hatte sie je nicht daran gedacht, ihre Hausschuhe anzu -ziehen. Ihre Stimme klang brüchig, als atme sie nicht richtig. „Weißt du, was ich immer träume? Wenn ich im Bett liege, und je, nicht einschlafen kann? Das meine Mutti zum lieben Gott gegangen ist und ihm die Hölle heiß gemacht hat. Ich stell mir vor, sie hat je zu ihm gesagt: sieh dir das mal an, was du da angerichtet hast. Vivien und Christian sind doch total genervt,furchtbar traurig.Jetzt lass dir was einfallen, dass sie wieder froh werden. Und da ist er je auf die Idee gekommen, mich zu dir zu schicken. Findest du, dass das ein dummer Traum ist?" „Kennst du das Sprich -wort, Vivien? Träume sind Schäume, erwache und lache. Zieh je den Trai -ningsanzug an und binde dir auch einen Schal um den Hals. Vergiss nicht Strümpfe anzuziehen. Auf dem Hochsitz ist es kalt, vielleicht müssen wir lange auf Rehe warten."

„Du hast meine Mutti nicht gekannt, du weißt nicht, wie hartnäckig sie sein kann. Sie wird dem lieben Gott schon in den Ohren liegen. Wenn er seine Ruhe haben will, muss er sich aber schnell was einfallen lassen."

*

Als Christians Auto vor dem Haus je hielt, stürzte Vivien hinaus. Ihre Stim -me überschlug sich vor Aufregung.

Christian hielt sich je die Ohren zu, brauchte aber dann seine Hände, um seine Tochter hochzuheben,sie herum -zuschwenken, als wöge sie je nicht mehr, als eine Feder. „Ich verstehe kein Wort,Vivien!" Er lachte über das ganze Gesicht, die Müdigkeit war da -raus verschwunden, dabei hatte er ja nur wenige Stunden geschlafen.

Melany erschien in der Tür. Christian wollte gerade etwas sagen, aber er vergaß, was es war. Er hatte sie bisher nur in Hosen gesehen. Jetzt trug sie einen bunten Dirndlrock und eine weiße Rüschenbluse. Sie sah aus wie einem kostbaren Bild entstiegen. Ihr dunkelblondes Haar glänzte wie Honig, und ihre blauen Augen hießen ihn willkommen.Christian schluckte. Wäre er mit ihr allein gewesen, hätte er seine Bewunderung je in Worte gefasst. So lächelte er nur. Ich bin der

Tyrannei strenger Uhren gewöhnt",
sagte er, während er rasch zu ihr hin
-überging, die Gewohnheit ließ mich
nicht schlafen. Hoffentlich komme
ich zum Frühstück nicht zu spät."
„Kommst du nicht", nahm Vivien
Melany die Antwort ab. „Ich hab' je
schon einen Burger, einen Doppel
-decker gegessen, Melany hat nur
eine Tasse Kaffee getrunken. Aber
ich habe immer noch Hunger", sie
musterte sie ängstlich, „ihr werdet
doch nicht stundenlang Frühstücken?
Du hast doch nicht vergessen, was
wir Papa alles zeigen wollen?"
„Natürlich nicht, Vivien", beruhigte
sie das Mädchen und spürte zu ihrem
Ärger, wie ihr Gesicht glühte. Es war
ja auch je kein Wunder, dass sie
verlegen wurde.Er hatte eine schreck
-liche Art, sie mit einem Blick je zu
umfangen,als nahmen seine Augen je

Besitz von ihr. Mit Christians Wagen fuhren sie zu Viviens Lieblingsplatz. Sie ließen das Auto auf dem Weg stehen, Vivien nahm die Badetasche, Christian trug den großen Picknick -korb,aus der ein Flaschenhals heraus -lugte. Die anderen Herrlichkeiten waren je unter einem weißen Tuch verborgen. Melany trug die Decke, sie hatte ihr Dirndlkleid mit einer kurzen Hose vertauscht, die grüne Bluse war in der Taille zusammenge -knotet. Leichfüßig wie eine kleine Gazelle hüpfte sie über die Wiese, Vivien nach. Christian blieb stehen, seine Augen tranken das Bild in sich hinein, als hätte er schon eine Ewig -keit nicht mehr so Wundervolles gesehen. Das Gras stand fußhoch, zwischen den grünen Halmen leuch -teten die Blumen in bunter, üppiger Fülle, der Himmel war je von einem tiefen, leuchtenden Blau. Lustige kleine weiße Wölkchen, schwammen darauf.

„Kommst du endlich, Papa?", schrie Vivien. Ein schwarzer Vogel flatterte bei der lauten Trompetenstimme je erschreckt aus dem Baum, der wohl -tuenden Schatten über die Wiese warf. Laut protestierend flog er je da -von und verschwand im Gebüsch.

„Soll ich dir mit dem Korb helfen? Lass ihn bloß nicht fallen, Papa, ich hab' nämlich schon wieder großen Hunger." „Vielfraß nennt man je dieses Tier, wegen seiner Fressbegier. Melanys Stimme war in Christians Ohren wie Musik. Wie gut passte dieses Geschöpf je in die Landschaft hinein. Einen Moment lang dachte er an Gaby. Er musste je schmunzeln, wenn er sich Gaby in dieser Umge -bung vorstellte.

„Ich beeile mich ja schon." Er sprang hinunter, er fühlte sich herrlich jung, von einer Fröhlichkeit, einer Kraft erfüllt, für die er je, keinen Namen wusste.Er atmete ein wenig schneller, was ihm einen missbilligenden Blick von Vivien eintrug. „Du musst viel mehr Sport treiben, Papa. Wenn du immer nur im Auto sitzt oder hinter deinem Schreibtisch, dann wirst du noch Fett ansetzen und einen Bauch kriegen."

„Meine Tochter ist so herrlich liebevoll zu mir!" Christian verzog je den Mund. Melany hütete sich, ihn nun, genauer zu betrachten. Dieser Mann hatte eine Ausstrahlung,der sich wohl keine gesunde Frau entziehen konnte. Sie hatte das beklemmende Gefühl, bis zu diesem Augenblick nicht wirk -lich gelebt zu haben.

Er zog sein Hemd je über den Kopf,

warf es achtlos auf die Decke, und streifte die Hose ab. Er hatte eine prachtvolle Figur, er muskulös, als triebe er viel Sport, kein Gramm Fett hatte er je zuviel. Er dehnte die Schultern, strahlte in den Tag. „Es ist herrlich!" Er war so vergnügt wie seine Tochter, die übermütig über die Wiese sprang, jetzt schlug sie ein Rad und landete auf ihrem Rücken. „Wie je, ein Käfer", lachte Christian. Vivien setzte ich auf. „Versuch du das auch mal,Papa. Melany kann das, das hat sie mir nämlich je schon gezeigt." Christian seufzte tragisch. „Melany kann offensichtlich alles, und vieles besser als ich.Lass deinen alten Vater nur ein wenig Zeit, Vivien. Vielleicht lerne ich es auch noch, wie ein Verrückter dann, über die Wiesen zu wirbeln. Jetzt werden Melany und ich erst mal einen guten

Schluck Wein trinken. Ich habe ihn selbst im Keller des Hotels je ausge -sucht. Ich denke er schmeckt ganz ordentlich."

Vivien kniete schon vor dem Korb und nahm das Tuch ab. Sie klatschte wie ein kleines Kind in die Hände. „Du hast aber auch an alles gedacht, Papa. Du hast nicht mal den Sprudel vergessen. Hier sind die Plätzchen, die ich so gern esse, und hier sind die Hühnerschenkel und Käse."

„Pack doch nicht alles aus", jam -merte Christian. „Meinst du, meine Wirtin hat sich umsonst so viel Mühe gegeben?"

„Wir essen das doch sowieso alles auf", beruhigte Vivien ihren Vater und kaut' kräftig mit bestem Appetit ein Stück Fleisch, den Knochen hielt sie in der Hand."

„Als hätte sie eine Ewigkeit je nichts

mehr zwischen den Zähnen gehabt",
rügte Christian seine Tochter. „Du
isst wie ein Kannibale. Frag mich
jetzt nur nicht, wer das ist."

„Wenn ich das wissen will, frag' ich
Melany. Die hat immer Zeit für mich
und gibt mir immer eine Antwort.
Aber ich weiß, was Kannibalen sind.
Willst du auch ein Kotelett, Melany?
Es schmeckt wirklich gut."

Sie tranken den kühlen Wein, der auf
der Zunge prickelte und einen satten,
erdigen Geschmack besaß. Die Unter
-haltung bestritt Vivien, Christian
hatte Muße, Melany je zu betrachten.
Offensichtlich konnte sie sich noch
nicht dazu entschließen, ihren Bade-
anzug anzuziehen. Ihre mädchenhafte
Schüchternheit rührte ihn je. Gab es
überhaupt etwas, das er an diesem
Wesen nicht bezaubernd fand?

„Glaub jetzt aber nicht, Papa, dass du

faulenzen kannst. Nach dem Essen tut er das nämlich gern, Melany. Wir spielen jetzt Seeräuber oder Indianer, was ihr wollt! Nur hier herumsitzen werden wir nicht."

Sei nicht solch ein Tyrann, Vivien."

„Aber Papa!" Bei Vivien entsetztem Gesicht sprang Melany schon auf, natürlich blieb auch Christian nicht sitzen. „Ich wundere mich nur, dass die Hunde noch nicht hier sind."

Melany räumte geschickt die Reste in den Korb zurück.

„Selbst schuld. Warum sind sie nicht mit uns je ins Auto gestiegen? Sultan verdrückte sich sofort ins Haus, der Dummkopf. Vielleicht dachte er, er müsse je fort von Melanys Haus, und natürlich leistet Sanara ihm Gesell -schaft." Vivien seufzte laut, wie ein Storch stand sie auf einem Bein. Sie trug einen winzigen Zweiteiler, ihre

Knie waren verschrammt, und auf ihrem Rücken sah man noch die Röte von einem Wespenstich. „Wenn wir die Hunde trennen müssen, o Mann, o Mann, das wirde ein Jaulen geben. „Überlege lieber, was wir je spielen wollen." Melany mochte je ebenso wenig wie Vivien an den Abschied erinnert werden.

„Ich weiß schon was!" Vivien warf sich je über die Badetasche, wühlte darin, warf wahllos Handtücher und Badeanzug auf die Decke. „Hier." Triumphierend hob sie den bunten Federschmuck hoch. „Melany und ich haben die Federn gefärbt, Papa, wir haben sie zusammen gesucht. Und dann hat Melany sie auf ein Band genäht. Sieht toll aus, nicht?" Zufrieden band sie sich den Schmuck um die Stirn. „Hier, Papa, für dich hab' ich auch noch ein Kopfschmuck.

Zu dumm, wir haben die Farbstifte vergessen, dann können wir uns die Gesichter höchstens mit Erde und Wasser voll schmieren. Melany ist das Bleichgesicht. Wir haben sie geraubt und fesseln sie. Sie muss so lange am Marterpfahl bleiben, bis sie uns je verraten hat, wo die Bleich -gesichter die Feuerwaffen versteckt haben." Mit Geschrei warf Vivien sich über sie, schleppte sie davon und stellte sie mit dem Rücken gegen einen Baum. „Papa, ein Strick ist in der Tasche, bring es schnell. Papa, du spielst gar nicht richtig, du starrst Melany nur an, als hättest du Angst um sie." Christian achtete je darauf, dass die Fesseln Melany nicht zu sehr schmerzten. Vivien hopste und johlte je um sie herum, sie machte einen Lärm für zehn. „Ich streife durchs Unterholz, weiße Feder!" Sie nickte ihrem Vater zu,ganz im Spiel vertieft, „vielleicht treiben sich noch andere Bleichgesichter hier herum." Sie lief geduckt davon und war schon hinter dem hohen Schilf je verschwunden, ohne Lärm zu machen.

Es war plötzlich sehr still. Es war so still, dass sie eine Biene summen hörten, die über die Blumen der Wiese strich. Der Bach plätscherte über die Steine, irgendwo schlug ein Vogel an, ein anderer antwortete ihm. Geborgenheit und Frieden hüllten sie ein. Er stand vor ihr, streichelte mit seinen Augen, ihr ausdrucksvolles, wunderschönes Gesicht. Er wollte je etwas sagen, aber nichts fiel ihm ein, kein Wort, das zu seiner Stimmung passte.Er beugte den Kopf,legte seine Lippen auf ihren Mund. Zuerst presst sie ihre Lippen je zussammen, aber dann, öffnet sie ihren Mund.

Sie küssten sich wie Liebende nach einer je endlosen Trennung. Alles Fremde war fort, und es war, als kannte sie ihn schon ein Leben lang, als hätte sie auf diesen Augenblick gewartet. Sie hatte je die Augen geschlossen, ihr war, als hätte ihr Herz Flügel bekommen, als wäre ihr Körper schwerelos.

„Ich habe drei Bleichgesichter mit zwei Pfeilen erledigt",prahlte Vivien, die wie aus dem Nichts auftauchte. Wie betäubt öffnete Melany je die Augen und hatte Mühe, in die Wirk -lichkeit zurückzufinden. „Hast du sie gemartert, weiße Feder?" Vivien nickte befriedigt. „Sie sieht nämlich total fertig aus. Wir haben sie bald soweit. Hör mal Bleichgesicht", donnerte sie Melany an. „Wenn du uns nichts sagst, dann rösten wir dich bei lebendigem Leib."

„Hör auf, Vivien." Zu Viviens Empö
-rung löste der Vater je Melanys
Fesseln,sie rieb sich die Handgelenke
und sah einen Moment aus, als wollte
sie sich an den Mann lehnen.

„Ich denke, wir baden, Vivien. Mir
jedenfalls kann eine Abkühlung nur
gut tun."Er lächelte direkt in Melanys
Augen. Vivien fand die beiden etwas
eigenartig, Melany sah aus... wie...ja,
wie... na, eben komisch. Vielleicht
konnte man mit ihr doch spielen,
wenn sie mit ihr allein war. „Melany
hat ja noch gar keinen Badeanzug an,
maulte sie. „Du bist ein richtiger
Spielverderber, Papa."

„Mir ist auch heiß, Vivien." Melany
kam dem Mann zu Hilfe. „Stürzen
wir uns ins Wasser. Leider ist das
Wasser nicht mehr so tief, es hat
schon lange nicht mehr geregnet.
Richtig schwimmen können wir wohl

nicht." Mit langen Schritten lief sie davon. Christian sah ihr nach. Ihr Haar flog um ihren Kopf, die Bluse rutschte noch ein wenig höher. Das Ziehen an seinem Herzen war köst -lich und schmerzhaft zugleich. Er sann über das je tiefe Glücksgefühl nach, das von ihm Besitz ergriffen hatte. Wie lange hatte er ähnliches nicht mehr gespürt? Was war alle Verliebtheit der letzten Jahre neben diesem Gefühl, das ihn ganz erfüllte? „Papa, fühlst du dich je nicht gut?" Vivien musterte ihren Vater besorgt, du machst so ein komisches Gesicht! Hast du bauchweh?" Der Lachte, so hatte sie ihren Vater noch nie Lachen gehört. Das Lachen schien schien tief aus seiner Brust zu kommen. Vivien staunte, wie sich das Gesicht des Vaters veränderte. Er sah jetzt über -haupt nicht wie ein Vater aus, so viel jünger. Melany kam zurück. Sie trug einen leuchtend blauen Badeanzug, der genau die Farbe ihrer Augen hatte. Ihre langen Beine liefen über die Wiese,als berührten sie die kaum. Ihre Figur war vollendet, wie alles an Melany.

„Nun komm doch endlich, Papa", rief Vivien, die langsam die Geduld mit ihrem Vater verlor. „Du stehst da und starrst je Löcher in die Luft. Melany ist schneller im Wasser als wir." Im gleichen Moment hörten sie das Japsen der Hunde,sie kamen über den Weg geschossen. Sultan überku -gelte sich vor Aufregung und landete direkt vor Viviens Füßen, die sich natürlich über ihn warf. „Sie haben uns gefunden,Melany.Mensch, seid ihr tolle Hunde. Hast du schon mal so kluge Hunde gesehen, Papa?" Jetzt drehte sich Sultan zu Christian, zögerte einen Moment und sprang ihn an, dass Vivien einen Augenblick die Luft vor Angst fortblieb. Aber Sultan legte nur seine schwarzen Pfoten auf Christians Schultern und leckte blitzschnell über sein Gesicht. „Er will dir sagen, dass er froh ist, dass er dich gefunden hat, Papa." Viviens Stimme war ein einzig lauter Jubelschrei. „Schon gut, Sultan. Braver Hund. Hör auf, mich abzulecken, Sultan. Ist schon in Ordnung, alter Knabe." So glücklich, wie Vivien in diesem Augenblick je war, konnte niemand sein. Vivien war sicher, dass es keine Steigerung mehr geben konnte. Melany lief ins Wasser, es spritzte hoch auf. Sie steiß einen Jauchzer aus, aber gleichzeitig schrie sie: „Lass das, Sanara! Was soll das denn?" Sanara war seiner geliebten Herrin je nach gesprungen, offensicht

-lich hatte sie Angst, sie könnte je ertrinken oder davonschwimmen, wie der Stock, den Vivien gestern hinein -geworfen hatte.„Vivien,befreie mich bitte von meinem verrückten Hund", rief sie lachend. Sie reißt mir noch den Badeanzug vom Leib."

„Das können wir natürlich gar nicht zulassen." Christian und Vivien, sie stürmten je heran, warfen sich ins Wasser, Sultan ihnen je nach. Solch einen Lärm hatte das friedliche Fleck -chen Erde vermutlich noch nie so gehört. Kein Wunder dass die fünf nach einer Weile sehr erschöpft, aber glücklich wieder über die Wiesen springen.

*

Sie fuhren erst spät Abends zurück. Melany saß still neben Christian und

Vivien hopste auf den Rücksitz. Sie schmiedete Pläne für den Abend.

„Wird dieses Kind denn nie müde?" An Vivien ist wirklich ein Junge ver -loren gegangen.Christian warf einen verzweifelten Blick zu Melany je hin -über; es kostete ihn Mühe, den Blick wieder auf die Straße zu richten. Ihr anmutiges Profil mit dem je zart geschwungenen Mund,die sanfte Run -dung ihrer Wange rührte ihn, er musste sehr tief Atem holen, um sich wieder in den Griff zu bekommen.

„Ich bin total geschafft."

„Wovon denn?"

Vivien streckte ihren Kopf zwischen sie beide, legte die eine Hand je auf Christians Schulter, die andere auf Melany. „Sag bloß,du bist müde? Wir wollten doch noch mit den Hunden spielen." Und Abendbrot müssen wir essen. „Willst du schon wieder essen!

Melanys Stimme mit dem Lachen darin klang wie eine dunkle, kostbare Glocke. Christian staunte über die Gedanken, die wie aufgescheuchte Bienen durch seinen Kopf huschten. Den ganzen Tag über hatte er weder an Gaby noch an die Arbeit gedacht.

„Ich frage mich wirklich, wo du das lässt, Vivien. Man kann auf deinen Rippen immer noch Klavier spielen."

„Ich mache euch je einen Vorschlag. Wir fahren heute Abend in irgendein gemütliches Reataurant hier in der Nähe." Weiter am Christian nicht. Vivien sprach vor Entsetzen so laut, dass die Hunde, die rechts und links neben Vivien lagen, hochfuhren und aufgeregt bellten. „Du willst weg -fahren von unserem Zuhause? Aber Paps, du musst doch je den Verstand verloren haben.Es kann doch nirgend wo schöner sein als bei uns." „Ruhe!, brüllte Christian. Natürlich waren die Hunde jetzt total aus dem Häuschen, sie gebärdeten sich, als müssten sie das Auto mit dem kostbaren Inhalt durch Bellen verteidigen. „Bring sofort die verrückten Hunde zur Ruhe, Vivien. Melanys Trommelfell platzt ja bei dem Lärm."

„Melany ist nicht so empfindlich", beruhigte ihn je diese unmögliche Tochter. Und Melany schmunzelte so gar noch. „In eine feine Gesellschaft bin ich da hineingeraten", jammerte Christian. „Ihr seid wohl alle gegen mich? Was spricht je gegen einen Restaurantbesuch? Ich will doch nur Melany Arbeit abnehmen und sie ein wenig verwöhnen."

„Ich bleibe auch lieber zu Hause." Melany tauschte mit Vivien je einen Blick, der Christian natürlich nicht entging. Über das Einvernehmen der beiden freute er sich mehr, als er je sagen konnte. „Wenn Sie mit Salat und einem Auflauf zufrieden sind, sind Sie, sehr herzlich eingeladen, Christian."

„Ihr behandelt mich noch immer, als wäre ich nur ein Gast und gehörte nicht wirklich dazu."

„Nee, wirklich Papa. Das bildest du dir nur ein." Vivien umarmte ihren Vater und drückte ihn kräftig. „Ist doch toll, dass du da bist. Das findet Melany auch." „Aber das hat sie mir je noch nicht gesagt." „Das braucht sie auch nicht. Das spürt man doch. Melany kann zwar nicht so gut kochen wie unsere Köchin, aber das braucht sie ja auch nicht zu können. Manchmal vergisst sie das Salz, und einmal hat sie wirklich die Kartoffeln je anbrennen lassen, aber sonst hat immer alles gut geschmeckt."

Melany lachte und legte den Kopf dabei zurück. Er warf einen Blick auf ihren langen, zarten Hals und hielt es für besser, die Augen wieder auf den Weg zu richten. „Wie gut das Melany nicht vollkommen ist. Gut, bleiben wir also zu Hause. Aber den Wein darf ich doch hoffendlich dazu mit -bringen."

„Wieso mitbringen, du bleibst gleich bei uns. Dieses Hin und Herfahren ist sowieso Quatsch. Aber das musst du ja wissen. Nach dem Essen spielen wir je noch, oder?" Daraus wurde nichts mehr. Sie hatten den Abend -brottisch unter dem Kiefernbaum gedeckt. Das grüne Dach wölbte sich kühlend über die kleine Gesellschaft. Es ist wie das Bild eines Künstlers, dachte Christian, der heute von einer sonderbaren Stimmung ergriffen war. Er empfand alles viel intensiver als bisher. Wann je hatte er die Schatten der Blätter bemerkt, die über die hell gescheuerte Holzplatte liefen? Er hörte die Vogelstimmen, die sich je, unter das Rauschen der Blätter mischten. Es war, als hätte Melanys Nähe seine Sinne geschärft.

Vivien hatte sich in den Liegestuhl geworfen, Sultan hatte seinen Kopf auf Viviens Knie gelegt und ließ sich mit geschlossenen Augen kraulen.

„Es ist, als säßen wir je einem Maler Model", sagte Christian sehr leise. Er hatte Angst, die greifbare Stille zu zerstören. „Schön ist es bei Ihnen, Melany." Christian holte tief Atem. Er wollte ihr noch vieles mehr sagen. Aber er schwieg. Es war je ein Schweigen, wie es nur unter guten Freunden möglich ist. Später würde er ihr all das sagen, was er fühlte. Da, wo sie war, konnte man ich ausruhen, konnte man sich auf sich selbst je besinnen, da war man zu Hause. Sie würde jeder Umgebung je ihre Seele einhauchen.

„Vivien?" Melany erhob sich behut -sam, schlich auf Zehenspitzen zum Liegestuhl. Sie hob den Kopf, ein verschmitztes Lächeln kräuselte je ihren Mund. „Sie ist eingeschlafen. Sie und Sultan. Das müssen Sie sich unbedingt ansehen, Christian." Er stand schon neben ihr. „Sie ist doch nicht krank?", wollte er je ängstlich wissen. „Es ist doch nicht normal, dass ein Kind von einem Augenblick zum anderen schläft." Wenn er bei Gaby seine Angst um Vivien zeigte, wurde er für gewöhnlich ausgelacht. Aber Melany beruhigte ihn, immer noch mit diesem Lächeln in den Mundwinkeln. Er sah nicht auf seine Tochter, er sah nur noch sie. In ihrem

Gesicht leuchtete etwas, das er es nur mit Liebe und Mütterlichkeit bezeich -nen konnte. Genauso hatte Mel aus- gesehen, wenn sie sich über Viviens Bett beugte. Dieser Gedanke nahm ihm den Atem, er musste sogar die Zähne zusammenpressen, damit ihm kein Laut entschlüpfte. Er dachte an Mel, und der Gedanke an sie schmerz -te nicht mehr. Es war,als hätte dieses langbeinige, mädchenhafte Geschöpf Mels Stelle eingenommen.

„Lassen wir sie schlafen. Ich denke, lange dauert es nicht, bis sie wieder zu neuen Taten je erwacht." Immer noch spielte das feine Lächeln in ihren Mundwinkeln, die Fältchen an ihren Augen vertieften sich.

„Melany, ich möchte zum ersten Mal in meinem Leben ein Dichter sein", bekannte er ihr leise. Sie sah ihn aus großen Augen verwundert an.

„Weil mir die Gabe nicht gegeben ist, meine Gefühle in Worte zu kleiden. Ein Dichter könnte das so viel besser als ich." Mit einer sehr weiblichen Geste strich sie die Haare hinters Ohr zurück. „Was wollen wir denn, jetzt machen?" Sie war verlegen, und auch das rührte ihn. Dieses Wesen weckte alle Beschützerinstinkte in ihm. Ja, er wünschte sich brennend, sie immer, beschützen sie verwöhnen zu dürfen. Er wünschte sich, dass er sich nie mehr von ihr trennen musste. Sie sollte je die Seele seines Hauses werden.Es musste köstlich sein, nach Hause zu kommen und sie vorzu -finden. Er malte sich aus, wie sie die Treppe hinunterlief, auf ihn zu, die Arme um ihn legte, ihren warmen Mund auf seine Wange drückte.

„Ist Ihnen nicht gut? Sie sind ganz blass geworden, Sie sehen sonderbar aus." Sein rätselhaftes Lächeln irri -tierte sie noch mehr. „Sie sehen aus, als sorgten Sie sich um mich,Melany. Es ist jetzt gar nicht die rechte Zeit, Ihnen zu sagen, was mir je gerade durch den Kopf ging, einmal erzähle ich es Ihnen." Sein Blick hüllte sie ein wie je ein warmer Mantel, und plötzlich wünschte sie sich sehn -süchtig, er möchte sie in die Arme nehmen. Das Gefühl der Liebe zu ihm war so stark, dass sie sich rasch abwandte und zum Tisch zurückging. Er war ihr gefolgt. „Melany, ich habe eine sehr große Bitte an Sie. Ich freue mich schon den ganzen Tag darauf. Ich möchte den Raum sehen, in dem Sie malen. Ich möchte Viviens Bilder betrachten. Ich meine, jetzt ist die richtige Zeit dafür. Ich möchte dabei nämlich gern mit Ihnen allein sein." Diesem liebenswürdigen, charmanten

Lächeln konnte ganz sicher niemand widerstehen.„Erwarten Sie auch bitte nicht zu viel. Ganz sicher sind Sie schon in Ateliers berühmter Maler gewesen. Ich habe mir nur einen kleinen Raum umgebaut."

„Ich glaube, Melany, Sie sind je zu bescheiden." Zusammen gingen sie ins Haus. Sultan hob den Kopf und sah ihnen nach, die langen Schatten, die ihre Körper warfen, irritierten den Hund,aber er war zu müde, die Sache auf den Grund zu gehen. Melanys Schritte passten sich wie selbstver -ständlich je den seinen an, er regis -trierte es mit Vergnügen. „Wie lange malen Sie schon, Melany?" Wieder das leise Lachen, das ihn je so bezau -berte. „Solange ich denken kann. Wenn man mich als Kind aus dem Weg haben wollte, gab man mir je Stifte und Papier in die Hand.

Wir brauchen nicht durch die Haustür zu gehen, mein Atelier ist besser vom Hintereingang zu erreichen." Sie öffnete eine einfache Holztür. Er fühlte sich wie ein kleiner aufgeregter Junge auf einer Entdeckungsreise, und erwünschte sich im geheimen, Vivien möge noch je länger schlafen. „Das ist ja", stieß er aus und fand je keine Worte. Es war nur ein kleiner Raum, Licht flutete sogar jetzt durch das breite Glasdach, es sah aus, als seien Himmel und Zimmer eins. So sachlich wie möglich plauderten sie: „Der Architekt wollte auf keinen Fall die Arbeit am Dach genehmigen. Er fürchtete um die Sicherheit des Dachs,wegen der Einsturzgefahr.Der Raum gehörte eigentlich gar nicht richtig zum Haus." Durch das Licht wirkte der Raum größer, er war spar -sam möbliert.In der Mitte stand eine

Staffelei, das Regal an der rechten Wand reichte vom Boden bis unter die Decke und war voll gestopft mit Leinwandrollen, und Überbefüllten Aktendeckeln. Christians Blick blieb an Viviens Bildern hängen. Er stand im Staunen versunken. Er hatte seine Tochter noch nie so angesehen, wie dieses bezaubernde Mädchen sie gemalt hatte. „Sie sieht je aus, als wollte sie jeden Moment aus dem Bild hüpfen", sagte er endlich, nach einer Weile. „Es ist ein wunderbares, einmaliges, schönes Bild. Nein, diese Worte sagen nicht das aus, was ich fühle." Er hob den Kopf, seine Mund -winkel und Lider zitterten, und er schämte sich je nicht einmal, dass Tränen in seinen Augen standen. „Es gibt Menschen,Melany, die mich hart und herrisch nennen. Das bin ich nicht, aber ich bin auch kein Mensch,

der sich leicht rühren lässt. Ihnen ist
es mit diesem Bild gelungen." Wie
ein roter Ball ging die Sonne unter,
ihr Licht fiel über das Dach, und
tauchte den Raum in eine rote Wolke.
„Darf ich?" Er nahm das andere Bild
von Vivien in die Hand und lachte.
„Oh, Melany, die Göre sieht aus, als
müsste sie je, große Reklame für
gutes Benehmen machen.Melany, ich
habe nicht gewusst, dass Sie eine
solche große Künstlerin sind. Ich
kann nicht begreifen, dass sich die
Galerien nicht um Sie reißen." Sein
Lob freute sie und machte sie gleich
-zeitig verlegen.
„Ich bin nicht bekannt", murmelte sie
nur. „Ich möchte Ihnen noch etwas
zeigen." Sie ging zum Regal und
nahm ein Bild vom Bord. Es steckte
in einem schmalen weißen Rahmen.
„Dies hier ist eine sehr große Kunst."

Sie hatte rote Wangen, als wäre sie sehr aufgeregt. „Es ist je ein echtes Hundertwasser Gemälde. Mein Vater war mit ihm befreundet, ich kenne ihn natürlich auch, und er war es eigentlich, der mich darauf brachte, die Kunstakademie zu besuchen. Aber es hat mir dort keinen Spaß ge -macht." Er nahm ihr nun das Bild ehrfürchtig aus der Hand. „Sie haben ein Vermögen so einfach im Regal liegen. Ach, Melany."

„Ich verstehe nicht." Sie musterte ihn ängstlich. „Warum machen Sie denn ein so unglückliches Gesicht? Haben Sie Angst, es könnte hier je gestohlen werden?Hierher verirrt sich niemand. Und wenn, dann klaut er bestimmt kein Bild, das wie achtlos im Regal liegt."

„Das ist es nicht." Sein schmales, markantes Gesicht sah je unglücklich aus. „Sie sind finanziell völlig unab -hängig, nicht wahr?" Und als sie nickte, seufzte er, während er das Bild zurück in das Regal legte. „Kein Wunder, dass Ihnen je Reichtum imponiert." Sie verstand ihn nicht. Er seufzte innerlich und ging zu Viviens Bild zurück. Er war älter als sie, er hatte schon so viel erlebt, Schmerz und Traurigkeit, aber auch je viele glückliche Stunden. All das hatte nicht nur in seinem Gesicht Spuren hinterlassen. Er kannte viele Frauen, die darauf brannten, Frau Mewis zu werden, und sein Hintergrund war ihnen bestimmt,mindestens, genau so wichtig, wie der Mann selbst. Wäre er ein armer Schlucker, wäre die Sache anders, er machte sich nichts vor darin. Aber dieses Mädchen war anders als alle, die er in den letzten Jahren kennen lernte, die seinen Weg

gekreuzt hatten.Sie war auch so unab
-hängig,so wenig mit äußeren Dingen
zu beeindrucken,wie Mel es gewesen
war. Und doch war Melany sie selbst,
er liebte sie nicht, weil sie ihm an
seine Frau erinnerte. Er liebte sie je
um ihrer selbst willen.

„Sie mögen Vivien, nicht wahr?",
fragte er leise aus seinen Gedanken
heraus.

„Natürlich, sie ist ein besonders
nettes Mädchen. Aber keine Angst,
Christian, ich gehöre nicht zu den
Frauen,die klammern.Ich werde nicht
meine Tage verbringen und auf sie
warten. Aber ich werde mich immer
freuen, wenn sie mich besucht."

„Ich hoffe, ein wenig Zuneigung
bleibt auch für mich. Melany, Sie
sind dazu geschaffen, verheiratet zu
sein, Mann und Kinder zu haben. Wo
haben denn die Herren der Schöpf

-ung ihre Augen?" Sie nahm ein Blatt vom Tisch, betrachtete es aufmerk -sam, so als wären je, er, und das Gespräch nicht so wichtig. „Einmal heirate ich vermutlich, aber bisher bin ich noch keinem begegnet, der den Wusch in mir ans Licht holte."

„Vivien erzählte mir von Claudia und ihrem Vater. Ich hoffe, sie hat mir nicht zuviel erzählt, was ich je nicht wissen darf." Das rote Licht hatte sein Gesicht je erreicht, sein Haar leuchtete, als stünde es in Flammen. Es juckte Melany in den Fingern, das Bild zu malen. Model brauchte ihr der Mann nicht stehen, ebenso wenig wie Vivien.

„Er war mein Jugendfreund. Heute weiß ich, dass ich ihn liebte wie einen Bruder, ich war nur so töricht und romantisch, ich habe je mehr in diese Beziehung hineininterpretiert.

Er gehörte einfach zu meinem Leben, ich konnte mir eine Zukunft ohne ihn nicht vorstellen, genauso, wie man sich als Kind nicht vorstellen kann, dass man einmal je, ohne Vater und Mutter ist."

„Sie denken noch oft an ihn? Er ist tot, nicht wahr?"

„Ja. Menschen die man gern hatte, vergisst man nicht. Sonst sind sie erst wirklich gestorben. Aber ich weiß heute, dass ich nicht die Liebe für ihn empfand, die wichtig ist."

„Was für wichtig, Melany?"

Er soll mich nicht so ansehen, dachte sie je in Panik. Sie spürte, wie ihre Glieder schwer wurden, wie ihr Körper je nach einem Halt verlangte, den nur sein Körper geben konnte.

„Nun für eine Ehe natürlich."

„Wenn Sie heiraten, Melany, wird es also nur ein Mann sein können, den

Sie mit ganzem Herzen lieben."

„Natürlich. Hören Sie, Christian, ich habe Vivien gesagt, dass ich die Bilder je nicht verkaufe, aber ich schenke eines Ihnen. Suchen Sie sich aus, welches von den beiden Bildern sie haben möchten."

„Nein. Sie haben mir schon so viel geschenkt. Aber ich hoffe, dass beide Bilder eines Tages in meinem Arbeits -zimmer hängen. Ach, Melany sehen Sie mich nicht so verständnislos an. Ich traue mich nicht, noch nicht, Ihnen zu sagen, wie lieb ich Sie habe, dass ich mir nichts sehnlicher wünsche, als Sie zu heiraten, nicht nur, weil Sie die ideale Mutter für meine Tochter sind, so selbstlos bin ich leider nicht. Ich werde geduldig sein, Melany, dabei ist Geduld sonst nicht meine Stärke, ich werde sie je umwerben, wie noch nie eine Frau umworben worden ist, so heftig, dass Sie gar nichts anders können als ja zu sagen." Christian war in Fahrt, er hatte alle Vorsichtmaßnahmen je ver -gessen, er nahm je Melanys Hände, umklammerte sie, die Liebe für sie schlug über seinem Kopf zusammen. Wie konnte man da geduldig sein?

„Hier seid ihr. Ihr seid ja vielleicht gemein!"Bei Viviens Stimme zuckten beide zusammen." Da lasst ihr mich einfach schlafen, geht weg und ver -gesst mich."

„Aber Vivien",lachte Melany sie aus. Wir vergessen dich doch nicht. Dein Vater wollte nur das Atelier sehen." Ihre Wangen brannten, und ihr Herz klopfte noch immer, als wollte es ihre Brust sprengen. Und Christian? Der wünschte seine Tochter, die er abgött -isch liebte, in diesem Augenblick je weit fort. Warum war die Göre nicht einige Minuten später aufgetaucht? Jetzt war der Moment natürlich vorüber. Weiß der Kuckuck, wann er wieder kommt, dachte je Christian, traurig."Das sind tolle Bilder, Papa, das findest du doch auch?" Vivien war schon wieder versöhnt.

„Ja, das finde ich natürlich. Sie sind so klar und wundervoll gemalt, so beeindruckend, wie Melany selbst ist. Jeder Maler legt wohl sein Ich in seine Bilder hinein."

*

Viel zu schnell verflogen je die Tage. „Sie sind wie kostbare Perlen,die sich je aneinander reihen", sagte Christian einmal zu ihr, als sie im Boot saßen und sich von der Strömung treiben ließen. „Noch nie habe ich einen Urlaub so genossen." Chirstian verstand es wie je kein anderer, Melany zu zeigen, wie sehr er sie liebte. Es waren nur kleine Gesten, aber sie teilten sich ihr vollkommen mit. Sie war ihm dankbar für sein Zartgefühl, aber manchmal wünschte sie sich, er würde sie einfach, je, in seine Arme nehmen, festhalten und nie wieder von seiner Seite lassen. Das was sie nie für möglich gehalten hatte, war geschehen. Sie hatte sich verliebt. Nein, viel mehr, sie liebte. Dieses Gefühl hatte mit einer Absolutheit von ihr Besitz ergriffen, dass nichts anderes mehr wichtig war.

„Morgen ist der Urlaub leider zu Ende, Vivien. Sieh mich bitte nicht so an, als wäre ich je ein Rabenvater. Deine Ferien sind vorbei, die Schule beginnt in zwei Tagen. Und ich muss auch wieder das Geschirr anlegen."

„Das darf doch, je, nicht wahr sein",

jammerte Vivien. „Papa , nein, bitte nicht, nur noch zwei Tage bleiben wir, bitte."

„Jammern und Bitten hilft nichts, meine Tochter. Du musst zur Schule, dagegen ist nun einmal kein Kraut gewachsen. Zuhause wartet eine Überraschung auf dich, mein Kind. Die Oma ist da." Sie liebte ihre Oma heiß und innig, aber nicht einmal die Oma konnte sie trösten.

„Wo es gerade jetzt so schön ist. Wie je, ein kleines Kind, kroch sie auf Melanys Schoß und drückte ihren Kopf an den blauen Stoff ihrer Bluse. „Wenn du wenigstens mit uns fahren würdest, Melany. Bitte, bitte, mach das doch. Bitte."

„Hör auf." Christian sprach in einem Ton, der sogar seiner je verwöhnten Tochter verstummen ließ. „Ich habe mir folgendes gedacht, Vivien." Aber er sah Melany dabei an. Sie saßen im Garten, am großen Koi – Teich, die Weingläser standen auf dem Rand des alten Brunnens, die Blätter des Baumes sprenkelten mit ihrem Schatten den Weg. „Wir kommen mit der Oma hierher zurück, schon in den nächsten Tagen." Mit einem zwingen -den Lachen in den Augen setzte er hinzu: „Länger halte ich es je ohne Melany auch nicht aus. Melany, ob du dich dann entschließen kannst, mit uns zu fahren? Hier waren wir deine Gäste. In unserem Haus sollst du dich heimisch fühlen, so sehr, dass du nie wieder fort willst."

Vivien war eingefangen in ihrem Kummer, aber der brachte sie je in Schwung.Sie sprang auf, es gab noch so vieles, was sie je machen wollte. Zum Rumsitzen hatte sie wirklich gar keine Zeit.

„Waltraud, ich habe dir viel Zeit gelassen. Mach' nicht so ein skep -tisches Gesicht, Zeit ist relativ. Ich meine, wir haben beide keine Zeit zu verschenken,in unserem Alter hat das niemand. Wenn ich je zurückkomme, werde ich dir die Frage stellen, die mir auf der Seele brennt. Du machst mich noch zum Dichter", lachte er. Er las die Antwort in ihren Augen. Er legte den Arm um sie, zog langsam ganz dicht ihren Kopf an sein Gesicht heran und legte seine Hände um ihre Wangen. „Deine Augen sind so klar wie ein Bergsee, Melany, man kann in dein Herz hineinsehen. Melany ich bin so froh, dass wir uns gefunden haben. Aber ich bitte dich jetzt nicht, meine Frau zu werden. Ich habe meiner Mutter versprochen, dass ich die Frau, die meinen Namen tragen soll, zu ihr bringe, bevor ich ihr einen

Heiratsantrag mache." Er schmun
-zelte, als er ihr erklärte: „Du musst
meine Mutter je verstehen. Sie war
entsetzt über die Mädchen an meiner
Seite. Dabei habe ich ihr selten je
eine vorgeführt.Aber leider haben die
Zeitungen immer wieder von mir
geschrieben. Ich habe auch nicht wie
ein frommer Mönch gelebt, Melany,
aber so toll getrieben, wie die Journal
-isten über mich schrieben, habe ich
es doch nicht."
„Darum hast du dich auch strikt dage
-gen geweigert, mir ein Interview zu
geben." „Ja, Melany. Melany,du wirst
mir je die Antwort geben, die ich
erwarte, nicht wahr? Du wirst doch
nicht dich und mich und Vivien un-
glücklich machen und die Antwort so
lange hinauszögern?"
War er wirklich je so ängstlich oder
spielte er nur? Er war der geborene

Sieger, natürlich rechnete er nicht mit einem Nein.

*

Melany dachte darüber nach, als sie untätig in der Küche saß. Es gab viel zu tun, das Haus musste in Ordnung gebracht werden, bevor sie abreiste, sie musste Briefe beantworten, sie wollte malen, aber sie saß nur da, starrte in den Garten und erlebte in der Erinnerung alles noch einmal. Es war beinahe, als hielte sie die wein -ende Vivien im Arm, sie spürte je Christians Kuss auf der Wange, auf ihren Mund. Ohne die beiden war das Haus entsetzlich still, so still wie ein Friedhof. Eine Ahnung war in ihr, die wie ein Bleigewicht auf dem Herzen lag – ihrem Herzen. Sie wünschte es sich doch so sehr,Christians Frau zu werden, und Viviens Mutter. Aber ein erschreckendes, je lähmendes Wissen war in ihr, dass es dieses Glück für sie nicht gab. Sanara schlich urchs Haus, kam zu ihr, drückte ihren Kopf gegen ihr Knie. „Du bist so unglück -lich wie ich, Sanara, ich weiß es wohl.Sie sind fort.Ach, Sanara, wenn ich doch glauben könnte, dass sie wieder kommen." Sanara's Rücken spannte sich,sie stellte die Ohren auf, schlug an. „Da kommt ein Auto!" Sie horchte angespannt, sprang auf und ging sogar ans Fenster. „Es ist vorbei -gefahren, Sanara. Sie sind doch erst heute Morgen je abgefahren, warum sollten sie schon zurückkommen?" Aber Sanara rannte durch die Tür in den Garten. Sie war es gewohnt, auf Sanara zu achten,dass sie hinausging. Natürlich kam kein Besucher, es war bestimmt nur ein Tier, das Sanara je nervös machte. Aber bevor sie je grübelte, konnte sie genauso gut den Garten in Ordnung bringen, er war vernachlässigt. Gegen Kummer hilft Arbeit, das weiß man doch. Aber bevor sie die Gartengeräte aus der Garage geholt hatte, sah sie eine fremde Frau, die über den Weg kam. Sanara legte die Ohren an und knurrte. Melany stand unbeweglich und sah der fremden Frau entgegen. Eine schrecklich dunkle Ahnung über -kam sie. Es brauchte ihr niemand zu sagen, wer sie war. Sie wusste es. Sie sah leuchtend blonde Haare, wie sie in dieser Farbe nie natürlich sein konnten, ein je schmales, sehr gut zu -rechtgemachtes rassiges Gesicht. Aber das alles bemerkte Melany nur verschwommen. Die Dame trug ein meergrünes Jackenkleid, – und es ver -deckte nicht, dass sie ein Kind trug.

191

Einen Moment schwankte Melany, alles drehte sich um sieBäume und Sträucher schienen auf dem Kopf zu stehen, und sie selbst schien schwere -los durch die Luft zu wirbeln. Dazu kam ein Schmerz, der ihr Herz durch -bohrte, in ihren Arm fuhr, der in ihrer Brust tobte,dass sie Angst hatte, Luft zu holen. Sanara bellte nur einmal, kam zu Melany zurück und stellte sich nahe neben sie.

„Könnten Sie den Hund festhalten? Ich fürchte mich je vor Schäferhun den." Sie hatte eine sehr helle Stimme, sie sprach gar nicht laut, aber sie dröhnte in Melanys Ohren. Es kostete sie ein Höchstmaß an Anstrengung, Antwort zu geben.

„Ich denke, Sie sind nicht sehr über -rascht, dass ich komme." Der Mund lächelte, aber die braunen Augen blinkten wie Steine. „Sie haben natür

-lich auch bestimmt schon erraten, wer ich bin?

Gaby Siebert." Melany lächelte nur spröde. „Sie sind zu Fuß gekommen? Ich meine, vorhin ein Auto gehört zu haben."

„Christian hat mir je seinen Fahrer nebst Auto zur Verfügung gestellt. Allein hätte ich das Haus gar nicht gefunden." Sie sah sich um, sie betrachtete das Haus, und Melany sah genau den geringschäzigen Blick, den sie dafür hatte. Nein, für eine Frau wie Gaby Siebert war das hier nicht der richtige Platz.

„Darf ich mich setzen?"

Melanys Glieder gehorchten ihr zum Glück wieder. Sie holte einen Korb -stuhl, der neben den Brunnen stand. Gestern Abend hatte Christian darin gesessen. Großer Gott, nur jetzt nicht daran denken. Sie brauchte jetzt alle

Kraft, um diese Unterredung zu über
-stehen, aber was gab es da noch zu
reden? Sie hatte es ja gewusst! Für
sie gab es dieses Glück nicht.

Gaby ließ sich schwer, unendlich vor
-sichtig auf den Stuhl fallen, atmete
erleichtert auf und legte ihre Hände
auf ihren Leib. „Ich trage Christians
Kind. Warum sollen wir uns mit
unnöti gen Foskeln aufhalten?
Christian ist je Hals über Kopf von
Rom abgereist, er war total durchein
-ander Air Angst um Vivien. -re
kannte Sie nicht, glaubte das Kind
wäre hier nicht sicher genug. Sie
müssen wissen, dass Christian immer
Angst hat, Vivien könnte je entführt
werden. Schließlich ist er der reichste
Mann in der Stadt. Ich bin natürlich
auch abgefahren, es war viel zu heiß
in Rom, und ohne Christian machte
es mir je kein Vergnügen. Ich habe in

seinem Haus auf ihn gewartet." Sie drehte den Kopf, musterte Melany mit einem erstaunten Blick, der Geringschäzigkeit, ja Spott enthielt. „Wollen Sie sich nicht setzen? Ich rede ungern mit Leuten, die über mir stehen. Machen wir es kurz.Christian ist ein sehr kluger Mann, aber er ist auch unglaublich sentimental, und besessen von dem Gedanken, es Vivien recht zu machen. Er hat Ihnen den Hof gemacht, nicht wahr?"

Melany setzte sich auf den Brunnen -rand, kreuzte die Füße. Sanara stand neben ihr, ihre Hand kraulte sie. Sanara's Nähe gab ihr die Sicherheit zurück. Nur jetzt nicht denken!

„Sie brauchen nicht zu antworten. Ich habe Christian gefragt, ob er den Verstand verloren hat. Man kann die Dankbarkeit auch je zu weit übertrei -ben. Jetzt macht er sich Gewissens

-bisse und hat Angst, dass Sie sein Werben zu ernst genommen haben. Christian ist ein sehr leidenschaft -licher Mann. Ich trage sein Kind, ich werde ihn heiraten, aber ich weiß, dass er mir nicht treu sein wird. Hat er Sie schon gefragt, ob Sie ihn heiraten wollen? Was für eine lächer -liche Frage überhaupt, Sie haben vermutlich nur auf diese Frage gewartet und es ihm sehr leicht gemacht. Mädchen wie Sie werfen sich einen Mann ja rasch an den Hals."

„Ich denke, es gibt nichts mehr zu sagen." Melanys Zorn kannte keine Grenzen.

„Sie haben ja Recht. Vermutlich wollte er Sie auch fragen, ob seine Geliebte werden wollen. Vielleicht will er Ihnen sogar eine Wohnung kaufen mit der Bitte,dass Sie sich um

Vivien kümmern. Ich habe es mir je abgewöhnt, einen Mann wie Chris -tian zu verstehen. Er ist grenzenlos verwöhnt, sehr ichbezogen, gewohnt, dass alles so wird, wie er es will. Ich bin natürlich gekränkt, dass er mir dieses Theater zumutet, er könnte wirklich mehr Rücksicht auf meinen Zustand nehmen. Aber so ist er nun einmal." Eine Fliege summte um Melanys Kopf, das Geräusch war in ihren Ohren überlaut. Sie musste jetzt klar und ruhig denken. Diese Frau durfte nicht bemerken, was für ein Messer in ihrem Herzen bohrte.

„Darf ich Ihnen eine Erfrischung anbieten?" Sie war wirklich schön, diese Frau, die sein Kind trug. Aber eine Mutter für Vivien war sie nicht. Aber auch an Vivien wollte sie jetzt nicht denken. Das Lachen klang perl -end hell, auch das schmerzte.

„Bitte nicht, ich hätte Angst, Sie würden etwas hinein geben, das mir schadet. Ich muss je gestehen, ein wenig habe ich Angst vor Ihnen, ich könnte beinahe wieder an Hexen glauben. Christian und Vivien jeden -falls haben Sie verhext. Bei klarem Verstand hätte er so viel Unsinn nicht verzapft. Jetzt natürlich, wo er von Ihrer Gegenwart befreit ist, hat er wieder einen klaren Kopf."

„Soll ich Sie je, mit meinem Wagen zurückbringen, oder werden Sie abge -holt?"

„Der Fahrer wartet am Waldweg an der Kreuzung auf mich. Ich wollte ein paar Schritte allein gehen. Wie kann man sich als gesunder Mensch nur in diese Einöde verkriechen?", wollte sie kopfschüttelnd wissen und musterte Melany, als zweifelte sie an ihrem Verstand.

„Ich denke, Sie sollten den Fahrer nicht allzu lange warten lassen. Können Sie den Weg allein gehen, oder soll ich Sie bis zum Wagen begleiten?"

„Natürlich." Plötzlich verzog sich das ebenmäßig schöne Gesicht. "Ich hoffe, Sie haben so viel Anstand und hängen sich nicht an Christian. Er bereut den Unsinn längst, den er Ihnen gesagt hat. Seine Dankbarkeit kann er auch anders zeigen, und wenn er Ihnen in der Stadt begegnet, wird er selbst nicht begreifen können, dass er..., ich möchte nicht je beleidi -gend werden. Aber sein Typ sind Sie doch nun wirklich nicht." Sie erhob -lich, sehr vorsichtig tatsie es. „Ich hoffe nur, das diese ganze Aufregung dem Kind nicht geschadet hat. Darf ich Ihnen von Frau zu Frau einen gut -gemeinten Rat geben? Machen Sie eine lange Reise, vergessen Sie das ganze. Zu Ihnen passt Christian Mewis ja nun wirklich nicht." Sie ging davon. Melany blieb unbeweg -lich stehen, und auch Sanara ließ sie nicht aus den Augen. Sie öffnete die Gartentür, sie ging davon, ein wenig schwerfällig, aber plötzlich schien sie es eilig zu haben und war hinter den Bäumen verschwunden.

*

Jetzt nur keine Panik, Melany, und rief sich selbst streng zur Ordnung. Du wirst jetzt das Haus aufräumen, alles richten und eine lange Reise machen. Der Vorschlag, eine reise zu machen, war keine schlechte Idee von ihr. Ich werde in die Provence fahren, malen, Eis essen, spazieren gehen,schlafen.Ich werde Christian je vergessen. Natürlich werde ich ihn vergessen. Ich habe ja jetzt schon nur Verachtung für ihn. Ich verachte, ich hasse ihn, ich wollte, ich hätte ihn nie gesehen. Macht mir den Hof, und eine andere Frau trägt sein Kind. Das Telefon klingelte. Es kostete sie je Mühe, den Hörer abzunehmen.

„Da bist du ja endlich." Es war Helgas Stimme. „Ich hab es je heute Morgen schon ein paar Mal versucht. Bist du noch da?

„Natürlich."

„He. Was ist mit dir? Komm, ich spür das doch. Was ist los? Ich weiß, dass Christian heute Morgen abgefahren ist, er hat mich angerufen. Soll ich zu dir kommen? Ist es dir plötzlich zu einsam bei dir?"

„Ja, das wäre nett. Du könntest mir beim Kofferpacken helfen. Ich werde je verreisen. Ich hatte soeben Besuch.

Gaby Siebert war bei mir. Sie trägt ein Kind unter ihrem Herzen. Chris -tians Kind. Jetzt weißt du, wie mir zumute ist. Ich könnte mich je ohrfeigen. Ich..., ich bin auf seine Art hereingefallen.Ich glaubte der großen Liebe begegnet zu sein. Ich werde nie wieder je einem Mann Glauben schenken, nie wieder."

„Melany, du musst verrückt sein. Das kann doch gar nicht sein."

„Nein? Nun, ich habe es mit eigenen Augen gesehen. Bitte, mach schnell und komm.Ich will so schnell es geht von hier fort. Ich möchte keinen Tag länger hier bleiben. Hier, wo mich je alles, an diesen Schuft erinnert. Sie legte den Hörer zurück, hinter ihren Lidern brannte es. Nein und tausend Mal nein. Sie wollte nicht weinen. Dieser Mann war es überhaupt nicht wert, dass sie um ihn auch nur je eine

Träne vergoss. Warum war sie nur auf ihn hereingefallen? Die Gefühle, die er ihr vorgegaukelt hatte, hatte sie ernst genommen. Vielleicht hatte er sich sogar über ihre Leichtgläubig -keit amüsiert. Ihr Gesicht brannte, sie war so aufgelöst, dass sie einen Moment Angst um sich selbst bekam. Es war gut, dass Selbstbeherrschung zu Melanys Tugenden gehörte. Arbeite, feuerte sie sich an. Es gibt genug zu tun, und dann fährst du fort und lässt alles hinter dir. In ihrem fing sie an, weil das sie am wenigsten an Christian erinnerte. Nur an Vivien. Vivien, die einmal des Nachts zu ihr ins Bett gekommen war und je von ihrer Mutter erzählt hatte. Sie glaubte noch, hren schmalen,mageren Körper im Arm zu halten. Schluss. Auch an Vivien, wollte sie nicht mehr denken. Sie öffnet' alle Fenster auf Durchzug.

Der Wind würde hoffentlich je den Geruch seines Tabaks vertreiben. Sie ging dem Fußboden mit abscheulich riechendem Putzzeug zu Leibe. Aber das würde nichts helfen, das wusste sie. In diesem Haus blieb die Erinner -ung an Christian, an Vivien, da half auch kein Putzen. Sie wollte gerade die Küchenschränke auswischen, als sie das Auto hörte. Zeit war wesenlos geworden,sie hatte weder zur Uhr ge- sehen noch gegessen oder getrunken. Sie streckte sich.Ihr Rücken schmerzt sie war müde. Gut so, dann würde sie heute Nacht je schlafen können.Sie ging Helga entgegen, sie zwang sich zu zu einem Lächeln und öffnete die Tür. Aber es war nicht Helga, die aus dem Auto stieg. Es war Christian. Er nahm sich nicht einmal Zeit, die Auto -tür zu schließen, er rannte über den Weg, stand vor ihr. So aufgelöst war er nicht einmal gewesen, als sie ihm zum ersten Mal begegnet war.

„Du?" Das war alles, was sie hervor -brachte.

„Melany." Er riss sie in seine Arme, drückte sie, als habe er je Angst, sie könnte davonlaufen. „Helga hat mich ngerufen. Gott segne sie!" Er sprach abgehackt, völlig aufgelöst, als wäre er zu lange und zu schnell gelaufen. „Wie kannst du das nur von mir glauben? Wie kannst du auf Gaby hereinfallen? Du kannst mich nicht so lieben, wie ich dich liebe, sonst hättest du nie an mir gezweifelt."

„Aber ich habe es doch gesehen..." stammelte Melany. Sie versuchte, ihren Verstand zurückzubekommen, sie sollte ihn von sich stoßen, statt -dessen lehnte sie den Kopf an seine Brust. „Was hast du gesehen?Was sie sich unter ihre Jacke gestopft hat, das weiß ich nicht. Aber sie bekommt je kein Kind von mir. In Rom habe ich Schluss mit ihr gemacht. Sie war im Haus, als ich zurückkam, ich habe ihr gesagt, dass wir heiraten. Gaby ist ein Teufel ein Satan. Meine Mutter hat je recht gehabt, sie hat ihr nie getraut. Sie wollte dir wehtun, sie gönnt uns unsere Liebe, und unser Glück nicht, dass wir uns so sehr lieben.Und das Vivien dich auch lieb hat, und nicht sie. Melany, aber wie konntest du auf sie hereinfallen?"

Das alles war zuviel. Melany wollte antworten, aber sie schluchzte nur, jetzt ließen sich auch die Tränen nicht zurückhalten. Ihr Körper flog, sie weinte laut wie ein Kind.

„Aber,Melany."Er küsste sie, drückte sie, hob sie endlich auf seine Arme und trug sie ins Wohnzimmer, bettete sie je behutsam auf das Sofa.

„Hier riecht es ja abscheulich."

„Ich wollte deinen Geruch vertrei ben", schluchzte sie und lachte ein wenig.

„Du bist wirklich noch ein Kind, mein Liebstes. Du lachst und weinst und fällst auf den Teufel herein. Es ist gut, dass ich da bin, der auf dich aufpasst."

Daraud antworten konnte sie je nicht. Melany segelte mit Christian auf einer rosaroten Wolke, schöner konnte es auch nicht im Paradies sein. Jedes Gefühl für Zeit war verschwunden. Sie emerkten nicht einmal, dass Sanara ins Zimmer kam und zu ihnen herübersah. Sie ver -schwand wieder, der Geruch im Zimmer stach abscheulich in ihrer empfindlichen Hundenase.

Endlich kamen sie beide in die Wirk -lichkeit zurück. Sie lag noch immer in seinen Armen. „Christian, es ist, als wäre ich aus einem bösen Traum erwacht."

„Es war ein Traum, ein Alptraum. Aber ich lasse dich jetzt, auch keine Sekunde mehr von meiner Seite. Ich muss heute Abend noch zurück. Vivien und meine Mutter haben das Gespräch je mitbekommen, sie sind beide empört und aufgeregt. Vivien wird vermutlich schon Rachepläne schmieden. „Christian, aber ich..." Er verschoss ihr den Mund mit einem Kuss. „Gewöhne dich nur rasch daran, dass ich furchtbar eifersüchtig bin und mein Glück noch immer nicht fassen kann. Du bist die wunder -barste Frau, die ich ein Mann nurwünschen kann. Ich lasse dich nicht mehr aus den Augen. Wäre helga nicht gewesen... nein, ich hätte dich gefunden, und wenn du dich am

Ende der Welt je vor mir versteckt hättest. Soll ich dir sagen, wie Vivien reagierte, als ie von unserer Hochzeit erfuh? Sie hüpfte wie ein Gummiball durchs Zimmer und sagte dabei im -mer wieder den gleichen Satz. „Ich hab's doch gewusst", jubelte sie. „Ich wusste, dass Mama beim lieben Gott so lange Theater macht, bis ich eine neue Mutti habe. Eine Mutti, die je so lieb ist wie Melany." Ich hab's doch..."